RELATION

CONCERNANT

THOMAS MARTIN,

LABOUREUR DANS LA BEAUCE.

Ouvrages qui se trouvent chez le même libraire.

Recueil de Discours prononcés dans les deux Chambres, et de ceux qui devaient l'être à l'occasion de la proposition de M. Baude, ex-préfet de police, relative à l'exclusion perpétuelle de la branche aînée des Bourbons; suivi de la Comédie de 15 ans, extraite du *Globe*. Avec notes et observations par l'auteur des Lettres Vendéennes........ 2 f. » c.
Franc de port.. 2 50

Lettres Vendéennes, par M. le vicomte Walsh, 4e édition. 2 vol in-8, avec 2 figures........................ 12 »
Le même ouvrage. 3 vol in-12. .... 8 »

Suite aux Lettres Vendéennes, ou Relation du voyage de Madame, duchesse de Berry dans l'Ouest, en 1828, 2e édition, revue, corrigée et augmentée; par le même auteur, 1 vol. in-8, satiné.. 7 »
Le même ouvrage. 2 vol. in-12.......................... 5 »

Le Fratricide, ou Gilles de Bretagne, par le même. 2e édition, 3 vol. in-12...................................... 7 50

Lettres sur l'Angleterre, ou Voyage dans la Grande-Bretagne en 1829; par le même. 1 vol. in-8 avec 6 figures.. 7 50

Vie de St.-Vincent de Paul, par M. Capefigue. 1 vol. in-8.. 5 »
Le même ouvrage sur papier vélin......................... 10 »

Histoire des Emigrés français, depuis 1789 jusqu'en 1828, par M. Antoine de St.-Gervais. 3 vol. in-8......... 15 »

DIX JOURS DE 1830, Souvenirs de la dernière révolution, par A. Sala, officier d'infanterie de l'ex-garde royale, deuxième édition, revue et augmentée, 2 fr. 50 c. et franco 3 fr.

De l'Instruction dans l'armée et des moyens de l'y répandre, par le même auteur, brochure in-8o, 1 fr. et franco 1 fr. 20 c.

Imprimerie d'A. PIHAN DELAFOREST, rue des Noyers, n° 37.

RELATION

CONCERNANT

LES ÉVÈNEMENS

QUI SONT ARRIVÉS

A THOMAS MARTIN, LABOUREUR

A GALLARDON, EN BEAUCE,

DANS LES PREMIERS MOIS DE 1816.

NOUVELLE ÉDITION,

Revue et augmentée de plusieurs lettres du sieur Martin écrites en 1821, sur de nouvelles apparitions, avec un exposé de plusieurs autres qui lui sont arrivées en 1830. On a joint un récit sur le même sujet, tiré des *Mémoires d'une Femme de qualité.*

PAR M. S***, ANCIEN MAGISTRAT.

IL EST BON DE GARDER LE SECRET DU ROI, MAIS IL EST HONORABLE DE RÉVÉLER ET DE PUBLIER LES OEUVRES DE DIEU.

Paroles de l'Archange RAPHAEL,

Tobie, ch. XII, v. 7.

PARIS,

L.-F. HIVERT, LIBRAIRE-ÉDITEUR,

QUAI DES AUGUSTINS, N° 55.

JANVIER 1831.

AVIS

SUR CETTE NOUVELLE ÉDITION.

Les évènemens de la dernière révolution qui ont obligé le Roi Charles X et les membres de sa dynastie à chercher un asile dans une terre étrangère, paraissent avoir réveillé l'attention de plusieurs chrétiens sur les annonces et prédictions que Thomas-Ignace Martin, laboureur à Gallardon en Beauce, est venu faire au Roi Louis XVIII, le 2 avril 1816. L'on pouvait se flatter que les vives instances de quelques saintes ames pour fléchir la colère divine auraient obtenu de plus longs délais à l'accomplissement des grandes menaces que renferment ces prédictions. Mais depuis le terrible bouleversement qui vient de s'opérer en France, l'appréhension des jugemens du ciel devient plus forte, de jour en jour, parmi les fidèles qui ont cru à la mission du bon villageois. Ces hommes religieux paraissent singulièrement frappés des troubles et des guerres intestines qui commencent à éclater dans quelques États voisins, et comme ces premiers incendies menacent d'embraser tous les peuples chrétiens successivement; ils appréhendent fort qu'un si grand fléau ne vienne à retomber sur nous, et qu'il ne cause enfin la désolation de la France; de même que les guerres précédentes que nous avons portées jusque dans la Russie, ont fini par nous amener les quatre dominations qui ont fait dès-lors un premier essai de leurs forces coalisées, en portant le ravage dans le cœur même de ce royaume.

Dans ces circonstances, on a cru, d'après les demandes qui en sont faites journellement, qu'il pourrait être de quelque utilité d'imprimer de nouveau la Relation publiée chez A. Egron en 1817, la même dont il y a eu diverses éditions et contrefaçons plus ou moins complètes et fidèles. On s'est fait un devoir de la copier avec exactitude, après en avoir revu tout le texte; seulement on y a ajouté un très petit nombre de notes et quelques lignes éparses qui ont été tirées d'une relation plus abrégée qu'avait rédigée M. Acher, chanoine de Chartres. L'écrit de cet Ecclésiastique s'accorde d'ailleurs fort bien avec la Relation imprimée chez A. Egron; et celle-ci mérite d'autant plus de foi, qu'avant de la faire imprimer, l'auteur l'a soumise à M. La P**, alors curé de Gallardon, lequel l'a trouvée très conforme à la vérité historique. De plus, l'auteur a fait lui-même deux voyages à Gallardon, l'un dans l'été de 1816, l'autre au mois de janvier 1817, pour approfondir tout ce qui regardait cette mission de Martin, et tirer de sa propre bouche, comme de celle de son curé, le récit le plus exact possible de ce qui lui était arrivé. Il a aussi, dans le même temps, conféré sur un évènement aussi digne d'attention avec le Directeur et le Surveillant de l'hospice de Charenton, où Martin avait été renfermé; et enfin il a recueilli, tant de M. Royer-Collard, médecin en chef de cet hospice, que de M. l'abbé Dulondel, tous les documens nécessaires pour être parfaitement convaincu de la sincérité de cet homme simple et droit, tel que l'ont reconnu tous ceux qui ont été dans le cas de l'entretenir; sur quoi il est bon d'observer que Mgr Talleyrand-Périgord, grand-aumônier de France, avait chargé M. Dulondel d'examiner Martin, avant de se décider à le faire introduire chez le Roi Louis XVIII, qui n'était nullement crédule, mais qui voulut voir Martin aussitôt qu'on lui en parla. C'est après toutes ces précautions que l'auteur qui ne voulait rien publier qu'en pleine connaissance de cause, s'est déterminé à mettre au jour, en mars 1817, la Relation dont il donne ici une nouvelle édition.

Fasse le Ciel que déja prévenus par ces soulèvemens qui agitent diverses parties de l'Europe, nous nous hâtions de recourir, en suivant l'exemple des Ninivites, à cette pénitence publique et générale qui a été le principal objet de la mission du bon villageois; car c'est là très certainement, et l'on ne saurait trop le dire, le publier, et sans cesse le répéter, c'est là le véritable remède, le remède unique et indispensable pour fléchir la justice divine, procurer la paix de ce royaume, et détourner ce déluge de maux qu'on nous a si fort assuré *être à la porte*, et que les nouveaux évènemens font appréhender comme tout prêts à tomber sur la France.

A la suite de cette nouvelle édition on a joint quelques lettres que Thomas Martin a écrites, en 1821, à son ancien curé, alors résidant à Versailles, au sujet de nouvelles révélations qu'il avait eues dans les premiers mois de cette année là. Ces lettres ont été copiées sur les autographes que cet Ecclésiastique avait entre les mains. Elles ne s'accordent que trop avec les premiers avertissemens et les grandes menaces qu'on va lire ci-après.

Enfin nous ajoutons ici différens faits et de nouvelles révélations de Thomas Martin, qui ont trait à la dernière révolution ; mais il a fallu y joindre quelques remarques, attendu que nous ne garantissons rien de ce qui ne pourrait s'accorder avec les faits et révélations qui sont consignés dans notre relation de 1817. C'est la seule dont nous répondons, d'autant plus qu'elle s'accorde fort bien avec le rapport des médecins (MM. Royer-Collard et Pinel), qui est une pièce authentique et probante.

RÉCLAMATION DE L'AUTEUR CONTRE UNE CALOMNIE.

Je dois à ma réputation de réclamer contre une prétendue lettre de Martin qu'on a insérée dans deux journaux (*), et qui, sans contredire un seul des faits contenus dans la présente Relation, est gratuitement dirigée contre moi. On y fait dire à Martin que « j'ai trompé la bonne foi de M. La Perru« que, curé de Gallardon, en faisant imprimer ma Relation, « malgré la promesse que j'avais faite de ne la point publier. » Cela est faux ; c'est une pure calomnie. Je n'ai donné aucune promesse pareille avant de publier ma Relation ; aussi M. La Perruque ne m'a-t-il jamais fait le reproche d'avoir violé une promesse que je n'avais pas donnée. D'ailleurs la lettre qui contient cette calomnie offre elle-même tous les caractères de la fausseté. Non-seulement elle ne porte ni timbre, ni date ; mais son orthographe et son style correct forment un contraste frappant avec le style du bon villageois. L'écriture même, suivant le témoignage de mon libraire qui l'a vue, diffère tout-à-fait de celle d'une lettre que j'ai reçue de Martin, et que je vais rapporter textuellement avec son orthographe villageoise.

Gallardon, ce 9 mars 1818.

MONSIEUR

Nous avons bien de la reconnaisance ma mere et moi d'avoir bien voulu aller voir mon frere. Nous somme sur que vos visite soulagerons la peine de sont exils. Comme ils paroit quil est encore la pour un certain temp jespere apres les mars fait laler voir et je ne manquerai pas daller vous temoigner toute ma

(*) *L'Ami de la Religion* (15 décembre 1830) qui a eu l'équité d'y joindre des correctifs propres à rendre cette lettre suspecte, et la *Gazette de France* (17 décembre 1830), qui a répété cette lettre d'après *l'Ami de la Religion*, sans les correctifs.

reconnoisance. M. le curé vous présante toute ses civilité: il travaillera apres paques a louvrage de lion et vous envera sont travaille p r notre correspondance ordinaire et il vous dira ou cela poura etre imprimer. Je suis monsieur votre tres humble serviteur. THOMAS MARTIN.

Cette lettre non seulement fait foi de la bonne intelligence qui existait en 1818, un an après la publication de ma Relation, entre M. le Curé de Gallardon, Thomas Martin et moi; mais elle doit suffire pour me justifier de la calomnie de l'auteur d'une lettre manifestement apocryphe. Car si j'eusse trompé, comme il a osé l'écrire, la bonne foi de M. La Perruque, en violant ma promesse, dans un point surtout de cette importance, est-il croyable qu'il m'eût encore accordé sa confiance, au point de se charger d'un travail sur un écrit que je l'aurais prié de revoir? (C'était un ouvrage de piété qu'on m'avait adressé du diocèse de Lyon.) Je ne doute point que toutes ces preuves qui déposent ici contre une lettre calomnieuse, ne m'obtiennent de la part du lecteur équitable la justice qui doit m'être rendue pour le maintien de ma réputation.

S., ancien magistrat.

RELATION

CONCERNANT

LES ÉVÈNEMENS

QUI SONT ARRIVÉS

A UN LABOUREUR DE LA BEAUCE,

DANS LES PREMIERS MOIS DE 1816.

CHAPITRE PREMIER.

Des diverses apparitions et évènemens qui sont arrivés au sieur THOMAS-IGNACE MARTIN, *depuis le* 15 *janvier* 1816, *jusqu'au jour où il a comparu à Chartres, devant M. le préfet d'Eure-et-Loir.*

LE 15 janvier 1816, sur les deux heures et demie après midi, un petit laboureur du pays de Gallardon, à quatre lieues de Chartres, nommé Thomas-Ignace Martin (âgé de 33 ans et père de quatre enfans), était dans son champ, occupé à étendre du fumier, en pays plat et terrain uni (*) ; quand, sans

(*) Cette apparition, la première de toutes, est arrivée à trois quarts de lieue de Gallardon, dans un canton fort désert appelé le *Chantier des Longs-Champs*.

avoir vu arriver personne, se présente devant lui un homme de cinq pieds un ou deux pouces, mince de corps, le visage effilé, délicat et très blanc ; vêtu d'une lévite ou redingote de couleur *blonde*, totalement fermée et pendante jusqu'aux pieds, ayant des souliers attachés avec des cordons, et sur sa tête un chapeau rond à haute forme. Cet homme dit à Martin : *Il faut que vous alliez trouver le Roi, que vous lui disiez que sa personne est en danger, ainsi que celle des Princes ; que de mauvaises gens tentent encore de renverser le gouvernement ; que plusieurs écrits ou lettres ont déja circulé dans quelques provinces de ses Etats à ce sujet ; qu'il faut qu'il fasse faire une police exacte et générale dans tous ses Etats, et surtout dans la capitale : qu'il faut aussi qu'il relève le jour du Seigneur, afin qu'on le sanctifie ; que ce saint jour est méconnu par une grande partie de son peuple ; qu'il faut qu'il fasse cesser les travaux publics ces jours-là ; qu'il fasse ordonner des prières publiques pour la conversion du peuple ; qu'il l'excite à la pénitence ; qu'il abolisse et anéantisse tous les désordres qui se commettent dans les jours qui précèdent la sainte quarantaine : sinon toutes ces choses, la France tombera dans de nouveaux malheurs. Il faut que le Roi en use envers son peuple comme un père envers son enfant quand il mérite d'être châtié ; qu'il en punisse un petit nombre des plus coupables pour intimider les autres.*

Si le Roi ne fait pas ce qui est dit, il sera fait un

si grand trou à la couronne, que cela la mettra tout auprès de sa ruine (*).

Le personnage qui s'adressait à Martin, semblait alors, en lui parlant, rester à la même place; mais il faisait des gestes analogues à ses paroles, et le son de sa voix n'avait rien que de fort doux.

Martin, un peu surpris d'une apparition si subite, lui répondit d'abord dans son langage : « Mais vous « pouvez bien en aller trouver d'autres que moi, « pour faire une commission comme ça. » *Non*, lui répliqua l'inconnu, *c'est vous qui irez*. « Mais, re- « prit Martin, puisque vous en savez si long, vous « pouvez bien aller trouver vous-même le Roi, et « lui dire tout cela; pourquoi vous adressez-vous à « un pauvre homme comme moi, qui ne sait pas « s'expliquer ? » *Ce n'est pas moi qui irai*, lui dit l'inconnu, *ce sera vous; faites attention à ce que je vous dis, et vous ferez tout ce que je vous commande.*

Après ces paroles, Martin le vit disparaître à peu près de cette sorte : ses pieds parurent s'élever de terre, sa tête s'abaisser, et son corps se rapetissant, finit par s'évanouir à la hauteur de la ceinture, comme s'il eût fondu en l'air. Martin, plus effrayé de cette manière de disparaître, que de l'apparition subite, voulut s'en aller, mais il ne le put; il resta comme malgré lui, et s'étant remis à l'ouvrage, sa tâche qui devait durer deux heures et demie, ne

(*) Ceci peut se rapporter à la mort du duc de Berry, assassiné quatre ans plus tard.

dura qu'une heure et demie, ce qui redoubla son étonnement.

De retour à Gallardon, Martin fit part aussitôt à son frère Jacques de ce qui venait de lui arriver, et tous deux vinrent trouver M. le Curé, pour savoir ce que voulait dire un évènement aussi singulier. M. le Curé essaya de les rassurer en rejetant sur l'imagination de Martin, tout ce qu'il venait de lui raconter : il lui dit de continuer ses travaux comme à l'ordinaire, de manger, boire et bien dormir ; mais il ne put guère le dissuader, et Martin assurait toujours qu'il savait fort bien ce qui en était.

Le 18 janvier, sur les six heures du soir, Martin étant descendu dans sa cave pour chercher des pommes à cuire, la même personne lui apparut debout, à côté de lui, pendant qu'il était à genoux, occupé à en ramasser : Martin, épouvanté, laisse là sa chandelle et se heurte rudement une jambe dans sa fuite.

Le samedi, 20 janvier, Martin était sorti sur les cinq heures du soir pour aller dans une foulerie (endroit où on fait le vin) prendre du fourrage pour ses chevaux ; au moment où il était près d'entrer dans ce lieu, l'inconnu s'offrit devant lui sur le seuil de la porte : Martin, l'apercevant, s'enfuit à l'instant même (*).

(*) Cette grande frayeur de Martin aux premières apparitions, diminua peu à peu, lorsqu'il fut habitué à voir le personnage dont il s'agit : il n'y avait plus que sa disparition subite qui lui causât toujours de l'étonnement.

Le dimanche suivant, 21 janvier, Martin entrait dans l'église, à l'heure de vêpres ; comme il prenait de l'eau bénite, il aperçut l'inconnu qui en prenait aussi, et qui le suivit jusqu'à son banc : cependant il n'y entra pas, mais il demeura à la porte du banc, ayant l'air très recueilli durant toutes les vêpres et le chapelet. Pendant le temps de l'office, l'inconnu n'avait point de chapeau ni sur sa tête ni dans ses mains : étant sorti avec Martin, celui-ci l'aperçut ayant son chapeau sur la tête, et il suivit Martin jusqu'à sa maison. Comme il était entré sous la porte charretière, l'inconnu, qui jusque-là avait marché à ses côtés, se trouva tout à coup devant lui face à face, et lui dit : *Acquittez-vous de votre commission, et faites ce que je vous dis : vous ne serez pas tranquille tant que votre commission ne sera pas faite.* A peine eut-il prononcé ces paroles, qu'il disparut sans que Martin, ni cette fois, ni aux apparitions suivantes, l'ait vu s'évanouir de la même manière que la première fois. Martin demanda aux personnes de sa famille qui étaient venues à vêpres avec lui, si elles n'avaient rien vu ou entendu de ce qui s'était passé à côté de lui ; toutes affirmèrent qu'elles n'avaient rien vu ni entendu.

Cependant, le 24 janvier, M. le Curé dit une messe du Saint-Esprit pour demander à Dieu d'éclairer son paroissien, et de l'instruire sur la vérité de ce qu'il voyait. Martin avait lui-même demandé cette messe ; il y assista lui et toute sa famille. Au retour de la messe, Martin monta dans son grenier chercher du blé pour le marché ; en ce moment l'inconnu lui dit d'un ton ferme : *Fais ce que je te commande, il est temps.* C'est la seule fois que celui dont il ignorait encore le nom, l'ait tutoyé.

M. le Curé de Gallardon, à qui Martin rendait fidèlement compte de ses apparitions, avait écrit jusque-là toutes ces choses ; mais enfin, voyant que Martin entrait dans un état d'agitation et d'inquiétude qui lui ôtait le sommeil et l'appétit, il crut devoir lui déclarer qu'il ne pouvait être juge en pareille matière, et il l'envoya à son Evêque (celui de Versailles). Martin accepta volontiers une lettre de M. le Curé, adressée à Monseigneur, espérant par là, disait-il, *se débarrasser de ses tourmentes.* Il partit le vendredi 26, et se présenta le lendemain devant son Evêque. Monseigneur ayant appris son nom, lui fit diverses questions sur ce qu'il voyait et entendait ; ensuite il le chargea de demander à l'inconnu de sa part, s'il le revoyait, son nom, qui il était, et par qui il était envoyé ; lui recommandant d'être exact à dire le tout à son Curé qui lui en ferait part. Après cet interrogatoire, Mgr. l'Évêque renvoya Martin, lequel revint à Gallardon. Il avait fait le voyage de Versailles très paisiblement ; il dit même qu'il avait bien dormi et mangé de bon appétit, ce qui ne lui était pas arrivé depuis plus d'une semaine ; en un mot, il croyait être délivré pour toujours de ces apparitions fatigantes et importunes : elles l'avaient en effet molesté au point qu'il lui vint en idée qu'on lui avait donné un maléfice, et il disait à M. le Curé : « Je n'ai pourtant jamais fait de mal à per-« sonne pour qu'on m'ait donné cela. »

Quelques jours après le retour de Martin à Gallardon, M. le Curé reçut une lettre de son Evêque, par laquelle il lui témoignait que l'homme qu'il lui avait envoyé paraissait avoir de grandes lumières sur l'objet important dont il était question, et qu'il lui avait prescrit la manière dont il devait se comporter par la suite. Dès ce moment, s'établit une correspondance suivie entre l'Evêque de Versailles et le Curé de Gallardon; celui-ci envoyait par date de jour, les rapports circonstanciés que lui faisait Martin des nouvelles apparitions qui lui arrivaient et dont on va parler. De son côté, Monseigneur, à cause de la gravité de la première apparition, crut devoir en faire, peu de temps après, une affaire ministérielle et de police; en conséquence il envoyait chaque rapport qu'il recevait de M. le Curé, au Ministre de la police générale.

Le mardi 30 janvier, l'inconnu apparut de nouveau à Martin, et lui dit : *Votre commission est bien commencée, mais celui qui l'a entre les mains ne s'en occupe pas; j'étais présent quoique invisible, quand vous avez fait votre déclaration : il vous a été dit de me demander mon nom, et de quelle part je venais; mon nom restera inconnu : je viens de la part de celui qui m'a envoyé, et celui qui m'a envoyé est au-dessus de moi* (en montrant le Ciel). Martin répliqua : « Comment vous adressez-vous « toujours à moi pour une commission comme celle-« là, moi qui ne suis qu'un paysan? Il y a tant de « gens d'esprit! » *C'est pour abattre l'orgueil*, répondit l'inconnu (avec un geste de la main vers la terre); *pour vous*, ajouta-t-il, *il ne faut pas prendre d'orgueil de ce que vous avez vu et entendu; pratiquez la vertu, assistez à tous les offices qui se font à votre paroisse les dimanches et les fêtes, évitez les cabarets et les mauvaises compagnies où se commettent toutes sortes d'impuretés et où se tiennent toutes sortes de mauvais discours;* il lui dit aussi : *Ne faites aucuns charrois les jours de dimanches et de fêtes.*

Durant le mois de février, l'inconnu apparut encore différentes fois à Martin (*), il lui dit un jour : *Mon ami, on met bien de la lenteur dans ce que j'ai commandé; voilà pourtant le temps de la pénitence et de la réconciliation qui approche. Il ne faut pas croire que c'est par la volonté des hommes que l'usurpateur est venu l'an passé : c'était pour châtier la France... Toute la Famille Royale avait fait des prières pour rentrer dans sa légitime possession; mais une fois revenue, elle a, pour ainsi dire, tout oublié. Après le second exil, elle a encore fait des vœux et des prières pour recouvrer ses droits mais elle retombe dans le même penchant* (**). « Comment donc, répondit Martin, venez-vous toujours me tourmenter pour une affaire comme

(*) M. le Curé a fait sur les apparitions arrivées en janvier, février, et aux premiers jours de mars, plusieurs rapports, savoir : le 31 janvier, et les 14, 21, 24 février, 2 et 5 mars 1816.

(**) Martin, en rapportant ceci à M. le Curé, lui demanda ce que c'était qu'un *penchant*.

« ça ? » L'inconnu répliqua : *Persistez, ô mon ami! et vous parviendrez!* Une autre fois, il lui dit en le pressant de faire sa commission : *Vous paraîtrez devant l'incrédulité, et vous la confondrez : j'ai encore autre chose à vous dire qui les convaincra, et ils n'auront rien à répondre.* Il l'incita encore un jour par ces paroles : *Pressez votre commission, on ne fait rien de tout ce que je vous ai dit; ceux qui ont l'affaire en main sont enivrés d'orgueil : la France est dans un état de délire : elle sera livrée à toutes sortes de malheurs.* Dans une autre apparition il lui fit cette annonce : *Si on ne fait pas ce que j'ai dit, la majeure partie du peuple périra, la France sera livrée en proie et en opprobre à toutes les Nations : vous leur annoncerez aussi en quel temps la France pourra rentrer en paix; ces choses, je vous les dirai quand il en sera temps.* Enfin, un autre jour, l'inconnu dit de nouveau à Martin : *Vous irez trouver le Roi; vous lui direz ce que je vous ai annoncé; il pourra admettre avec lui son frère et ses fils.* En même temps il l'avertit *qu'il serait conduit devant le Roi, qu'il lui découvrirait des choses secrètes du temps de son exil, mais que la connaissance ne lui en serait donnée qu'au moment où il serait introduit en sa présence.*

Toutes ces apparitions et ces annonces fatiguaient beaucoup Martin; il s'imagina donc qu'il pourrait y mettre fin en quittant le pays, et s'en allant seul, comme il l'a dit, aussi loin qu'il pourrait aller, sans faire réflexion qu'il avait une femme et des enfans. Comme il n'avait pas encore tout-à-fait rejeté ces pensées, dont il ne s'était ouvert à personne, l'inconnu se présenta devant lui dans sa grange, où il était à battre son blé : *Vous aviez formé*, lui dit-il, *le dessein de partir*; *mais vous n'auriez pas été loin ; il faut que vous fassiez ce qui vous est annoncé ;* et après ces mots, il disparut.

Le samedi 24 février, Martin était à labourer ; l'inconnu se présenta et lui dit : *Allez trouver votre pasteur et pressez votre affaire.* Cependant Martin restait à son ouvrage ; moins d'une heure après, l'inconnu lui apparut de nouveau et lui dit : *Dételez et partez pour vous acquitter de ce qui vous est commandé.* Il dételа aussitôt ses chevaux, retourna à sa maison, et vint de suite chez M. le Curé avec son frère. Sur son rapport, M. le Curé mit en écrit ce qui venait d'arriver.

Le 2 mars, nouvelle apparition : *Allez*, dit l'inconnu à Martin : *vous acquitter de votre commission ; que votre pasteur aille à Chartres, qu'il fasse assembler le conseil ecclésiastique ; qu'il soit nommé une députation qui se rendra auprès du supérieur. Il la multipliera et saura où l'envoyer : si l'on veut encore résister à ces choses, vous leur annoncerez la prochaine destruction de la France : il arrivera le plus terrible des fléaux, qui rendra le peuple de France en horreur à toutes les nations.*

Martin vint faire rapport de cette apparition à M. le Curé qui lui dit : Le conseil de Chartres n'a de pouvoir que celui qu'il tient de M. l'Évêque; puisque j'ai commencé avec lui, je continuerai, et c'est à lui-même que je vais faire encore ce rapport. Martin, interrogé à cette occasion s'il savait qu'il y eût à Chartres un conseil ecclésiastique, répondit qu'il n'en savait rien.

Sur ces entrefaites, le préfet d'Eure-et-Loir, résidant à Chartres, reçut une lettre du ministre de la police générale. Le ministre invitait M. le préfet à vérifier « si ces apparitions, données comme mi« raculeuses, n'étaient pas plutôt un jeu de l'ima« gination de Martin, une véritable illusion de son « esprit exalté; ou si enfin le prétendu envoyé, et « peut-être Martin lui-même, ne devaient pas être « sévèrement examinés par la police et ensuite livrés « aux tribunaux. »

M. le comte de Breteuil, préfet d'Eure-et-Loir, pour ne pas effrayer Martin, l'invita par une lettre, à passer à la préfecture, ayant à lui communiquer quelque chose qui l'intéressait. En même temps il écrivit à M. le curé de Gallardon pour l'engager à accompagner son paroissien dans le voyage.

Le 5 mars, à cinq heures du soir, l'inconnu apparut à Martin et lui dit : *Vous allez bientôt paraître devant le premier magistrat de votre arrondissement; il faut que vous rapportiez les choses comme elles vous sont annoncées; il ne faut avoir égard ni à la qualité ni à la dignité.*

Le 6 mars, M. le Curé et Martin se rendirent à Chartres, chez M. le Préfet. M. le Curé fut introduit le premier, et interrogé séparément. Quelle est donc l'affaire qui se passe chez vous, lui dit le Préfet?

Voici un ordre du Ministre avec une de vos lettres datée du 14 février. Je ne m'attendais pas, répartit le Curé, que ma lettre à mon supérieur canonique dût être communiquée au Ministre (*Relation de M. Acher*). Dans son entretien qui dura trois quarts d'heure, il rapporta tous les évènemens à M. le Préfet, comme il les avait écrits, jour par jour, d'après les rapports que Martin lui en avait faits; il répondit aussi aux objections que lui fit M. le Préfet : Au surplus, lui dit-il, il ne s'agit que de l'entendre, vous saurez par lui-même ce qui en est. M. le Préfet fit donc entrer Martin, qui resta seul avec lui plus d'une heure. Martin, fort naïvement et sans être en rien embarrassé, lui raconta tout ce qui lui était arrivé depuis le 15 janvier jusqu'à ce jour : il en détailla toutes les circonstances, et soutint son dire avec fermeté; il ajouta que celui qu'il appelait alors un fantôme, s'était servi plusieurs fois d'expressions que lui Martin ne connaissait pas, et par deux fois il en avait demandé l'explication à son frère. Le Préfet a envoyé pour vérifier ce fait, et la réponse qu'il a reçue s'est trouvée conforme à la déclaration de Martin.

Cependant frappé de la contenance du bon villageois, de son assurance, de sa naïveté, plus encore que du fonds de sa narration, M. le Préfet le fit sortir pour quelque temps; et, prenant à part M. le Curé, il lui témoigna toute sa surprise, le pressant plusieurs fois et avec instance de lui dire ce qu'il pensait de tous ces faits si extraordinaires. Sur quoi M. le Curé, ne jugeant pas qu'il convînt de se déclarer le premier, se contenta de lui répondre : Monsieur, écrivez-en à M. l'Evêque ; il sait l'affaire aussi bien que nous, puisque je lui en ai fait des rapports journaliers ; demandez-lui ce qu'il en pense. Oui, répartit le Préfet, je lui écrirai ; mais je vais envoyer Martin au Ministre : car il faut qu'il le voie et qu'il l'entende lui-même. De suite il fit rentrer Martin et lui dit devant M. le Curé : Mais si je vous mettais dans les entraves et en prison pour faire de pareilles annonces, continueriez-vous à dire ce que vous dites? « Comme vous voudrez, répondit Martin sans pa-« raître effrayé ; mais je ne puis que dire la vérité. » Mais, poursuivit M. le Préfet, si vous paraïssiez devant une autorité supérieure à la mienne, par exemple, devant le Ministre, répéteriez-vous, soutiendriez-vous ce que vous venez de me dire? « Oui, « Monsieur, et devant le Roi lui-même, » répliqua Martin, sans émotion, mais avec fermeté. A ces mots, la surprise du Préfet redoubla ; il le témoigna par signe à M. le Curé, et ayant fait sortir Martin : Je me détermine à l'envoyer au Ministre, dit-il au Curé ; vous allez faire un certificat de lui tel que vous le connaissez, et je le joindrai à une lettre pour le Ministre. Peu après Martin étant revenu sur l'ordre du Préfet : Avez-vous déja été à Paris? lui dit-il. Non, Monsieur, répondit Martin, je n'y ai jamais été. Eh bien ! vous allez y aller avec quelqu'un qui vous y conduira. Cette annonce, bien loin d'affliger Martin, parut être l'objet de ses désirs ; il crut trouver dans ce voyage le moyen d'atteindre son but et de remplir ce qu'il nommait *sa mission*.

CHAPITRE SECOND.

Voyage du sieur Martin à Paris ; sa comparution devant le Ministre de la police ; diverses particularités à son sujet durant son séjour rue Montmartre.

Le jeudi 7 mars, à cinq heures du matin, Martin partit de Chartres par la diligence, escorté de M. André, lieutenant de gendarmerie. Ils arrivèrent sur les onze heures à Rambouillet, pour le dîner, et se mirent à table d'hôte avec les autres voyageurs ; mais Martin dit : « C'est le carême, je ne mangerai pas de « viande, » et il ne prit que du maigre. Arrivés à Paris, sur les cinq heures et demie, ils descendirent rue Montmartre, et prirent leur logement même rue, hôtel de Calais, dans une chambre au second, à deux lits.

Le lendemain vendredi 8 mars, Martin fut conduit par M. André à l'hôtel de la police générale, où ils entrèrent à neuf heures du matin. Comme ils se trouvaient dans la cour de l'hôtel, l'inconnu se présenta devant Martin, sans que son compagnon, qui était à quelque distance, vît ou entendît rien. *Vous allez*, lui dit-il, *être interrogé de plusieurs manières ; n'ayez ni crainte ni inquiétudes, mais dites les choses comme elles sont.* Après ces mots, il disparut. Le Ministre n'était point encore levé ; il donna ordre qu'en attendant on interrogeât Martin, qui fut conduit auprès d'un Secrétaire : celui-ci entreprit

Martin, et lui demanda ce qu'il avait vu à telle et telle époque jusqu'à ce moment. « Vous pouvez le sa- « voir, lui dit Martin, vous avez vu les écrits ; » et en effet, le Secrétaire les avait encore devant lui. Il l'interrogea sur plusieurs points durant l'espace d'une demi-heure. Quel âge avez-vous? dit-il à Martin ; que faites-vous à Gallardon? quel âge a le Curé de Gallardon? y a-t-il long-temps qu'il y est? est-il riche? a-t-il beaucoup de revenus? pourquoi vous êtes-vous adressé à lui? pourquoi n'avez-vous pas été trouver votre Maire? Sur ces points et sur plusieurs autres, Martin répondit avec précision, et avec beaucoup de présence d'esprit. Il dit au Secrétaire : « Je ne sais pas si M. le Curé de « Gallardon est bien riche, je n'ai pas compté avec « lui : il ne me paraît pas mal à son aise (et parlant de « son Maire) : Pourquoi voulez-vous, dit-il, que j'aille « trouver quelqu'un qui n'en sait pas plus que moi? « J'ai été trouver M. le Curé, pour savoir qu'est-ce « qu'une affaire comme ça pouvait dire, et encore « la première fois que nous y avons été, moi et mon « frère, et il n'a pas voulu nous croire, et nous a dit « seulement que si cela revenait encore, je vienne le « lui dire. »

Ensuite de ce premier interrogatoire, un autre Secrétaire qui était présent, fit approcher Martin, lui fit à peu près les mêmes questions, et le tourna de tous sens pour le faire couper. Martin répondit à tout nettement, sans se démonter ; les Secrétaires se retirèrent, et Martin reconnut alors la vérité de ce qui lui avait été dit : *Vous confondrez l'incrédulité, et ils n'auront rien à vous répondre.*

Après les Secrétaires, le Ministre fit entrer Martin dans son cabinet, où il le tint pendant trois quarts d'heure, et le retourna de nouveau de tous sens sur ce qu'il avait vu, entendu et fait écrire par M. le Curé. Il prit aussi le ton d'autorité qu'il crut le plus propre à imposer à ce simple campagnard ; mais il ne put déconcerter Martin qui lui répondit fort exactement et sans témoigner en aucune sorte être ému par toutes ses questions.

Le Ministre voulut encore le sonder pour savoir si quelque intérêt n'était pas le principe de ses démarches ; sur quoi Martin lui répondit : « Ce n'est « pas de l'argent que je veux ; il faut que j'aille par- « ler au Roi, et que je lui dise ce qui m'est annoncé ; « ça m'a toujours été recommandé, et je ne serai « pas tranquille tant que ma commission ne sera pas « faite. Les richesses ne peuvent aller avec la vertu ; « il ne faut de richesses que pour la vie ; Monsei- « gneur, l'orgueil et la vertu peuvent-ils aller en- « semble ? Celui qui pratique la vertu est l'ami de « Dieu, et celui qui est dans l'orgueil est l'ami des « démons et des réprouvés. »

Mais, lui dit le Ministre, vous voulez aller parler au Roi, c'est une chose qui n'est pas possible ; moi-même je ne puis y aller que d'après un ordre par écrit. « Je ne sais pas tout cela, répliqua Martin, mais il « m'a toujours été dit qu'il fallait que j'aille au Roi, « et que j'y parviendrais. »

Ensuite, revenant au personnage dont Martin rapportait les ordres et les annonces, le Ministre lui demanda comment l'homme qui lui apparaissait était habillé? quelle taille il avait? quelle figure? s'il paraissait âgé? Martin lui répondit : « Tout cela « est dans les écrits, mais je vais vous le dire encore, « puisque je le voyais comme je vous vois : il était « habillé d'une redingote blonde, qui était boutonnée « jusque sous le cou, et pendante jusque sur ses « pieds; il avait des souliers noués avec des cordons, « et un chapeau rond à haute forme sur la tête ; il a « un peu plus de cinq pieds, une figure blanche et « mince; il est aussi bien mince de corps; il ne pa- « raît pas âgé, et même il vient encore de m'appa- « raître, comme nous entrions dans votre cour, « dans la même forme que je l'ai toujours vu, il m'a dit « que je n'aie aucune crainte de paraître devant ceux « qui étaient pour m'interroger. » Eh bien! lui dit le Ministre, vous ne le verrez plus, car je viens de le faire arrêter et conduire en prison. « Eh! com- « ment, répartit Martin, avez-vous fait pour le « faire arrêter, puisqu'il disparaît tout de suite comme « un éclair? » S'il disparaît pour vous, reprit le Ministre, il ne disparaît pas pour tout le monde. Et s'adressant à un de ses Secrétaires : Allez voir, lui ordonna-t-il, si cet homme que j'ai dit qu'on mette en prison y est encore; quelques instans après, le Secrétaire revint et fit cette réponse : Monseigneur, il y est toujours. « Eh bien! dit alors Martin, si « vous l'avez fait mettre en prison, vous me le mon-

« trerez et je le reconnaîtrai bien ; je l'ai vu assez de « fois pour cela. »

Après ces interrogatoires, se présente un homme qui visite avec soin la tête de Martin, en lui écartant les cheveux à droite et à gauche ; le Ministre les tourne et retourne de même (sans doute pour examiner s'il ne portait pas quelques signes indicateurs de la folie), à quoi Martin se contentait de dire : « Regardez tant que vous voudrez, je n'ai jamais « eu de mal de ma vie. »

Enfin, le Ministre le congédie : allez-vous-en déjeûner lui dit-il. Martin descend à la cuisine, où on lui sert un morceau de rôti : « Moi, dit-il, je ne « mange point de viande en carême, encore juste« ment que c'est aujourd'hui le vendredi des Quatre« temps. » On lui accommoda des œufs qu'il mangea de bon appétit, comme n'étant nullement ému de la scène qui venait de se passer.

Pendant ce temps, M. André resta avec le Ministre, qui lui recommanda de surveiller Martin de près, de l'examiner, de bien écouter tout ce qu'il lui dirait, et de lui en faire incontinent son rapport. M. André ne manqua pas, tout le temps qu'il eut Martin sous sa garde, c'est-à-dire du 9 au 13 mars, d'aller à la police, de nuit comme de jour, à chaque rapport que Martin venait de lui faire. Revenus ensemble à l'hôtel de Calais, M. André laissa Martin tout seul jusqu'à dix heures du soir, tant il craignait peu qu'il lui échappât. Au retour de M. André, quand ils furent montés ensemble, Martin l'interpella ainsi : « Mais le Ministre m'avait dit qu'il avait « fait mettre en prison l'homme qui m'apparaissait ? « Il l'a donc relâché puisqu'il m'a apparu depuis, et « qu'il m'a dit : Vous avez été questionné aujour- « d'hui, mais on ne veut pas faire ce que j'ai dit : ce- « lui que vous avez vu ce matin a voulu vous faire « croire qu'on m'avait fait arrêter, vous pouvez lui « dire qu'il n'a aucun pouvoir sur moi, et qu'il est « grand temps que le Roi soit averti. » A l'instant même M. André va faire son rapport à la police, tandis que Martin, sans inquiétude, se couche et s'endort paisiblement : le retour même de M. André ne fut pas capable de le réveiller ; mais le lendemain il dit à Martin : J'ai trouvé le Ministre couché, cependant mon rapport est fait.

Le samedi 9, Martin s'étant levé, descendit peu après de sa chambre pour demander les bottes du lieutenant; comme il remontait, l'inconnu se présenta devant lui au milieu de l'escalier, et lui parla de la sorte : *Vous allez avoir la visite d'un Docteur, qui vient voir si vous êtes frappé d'imagination, si vous avez perdu la tête; mais ceux qui vous l'envoient sont plus fous que vous.* Rentré dans sa chambre, Martin raconta ceci à M. André, qui lui répondit : Je ne sais pas ce que vous allez voir. M. André sortit sur les deux heures après midi.

Ce jour-là même, sur les trois heures, un homme bien mis vint à l'hôtel de Calais demander à parler à M. André, c'était M. Pinel, médecin très renommé pour les maladies mentales ou de folie. Comme M. André était absent, on l'adressa directement à son compagnon de voyage, qui se trouvait en bas, et avec qui M. Pinel lia bientôt conversation. Martin ayant conduit dans sa chambre M. Pinel : Vous êtes donc, lui dit le Docteur, venu de Chartres avec M. André? — Oui. — Vous êtes donc de connaissance avec M. André? — Non, avant de venir ici je ne le connaissais pas : c'est M. le Préfet qui l'a envoyé avec moi. — Comment donc M. le Préfet vous envoie-t-il comme ça à Paris? — M. le Préfet m'envoie à Paris pour parler au Ministre. — Ah! *diable*, vous allez parler au Ministre, vous ? — Je ne suis pas à le voir, je l'ai vu hier. — Ah ! *diable*, vous avez vu le Ministre ? — « Oui , je l'ai vu hier ; et vous, pourquoi « venez-vous me questionner? Il m'a été dit ce ma« tin qu'il viendrait un docteur me visiter ; je ne « sais pas ce que c'est qu'un docteur, mais je pense « bien que c'est vous qui ètes le docteur ; vous venez « voir si je suis frappé d'imagination, si j'ai perdu « la tête; mais il m'a été dit que ceux qui vous en« voient sont plus fous que moi. » Sur ces entrefaites, M. André vint à l'hôtel de Calais, et le docteur Pinel s'entretint avec lui en l'absence de Martin qui alla prendre son repas. En descendant M. Pinel lui dit : L'appétit va-t-il bien? Martin répondit « Ça ne manque pas par là. »

Après cette visite du docteur, sur les 5 heures et demie du soir, Martin était seul dans sa chambre; l'inconnu se présente à ses yeux et lui dit encore : *Il faut que vous alliez parler au Roi ; quand vous serez en sa présence, je vous inspirerai ce que vous aurez à lui dire : je me sers de vous pour abattre l'or-*

gueil et l'incrédulité. Si vous ne parvenez pas à ce but.... [c'est-à-dire à parler au Roi, pour qu'il fasse en sorte d'y remédier (*)] *la France est perdue.... On tâche d'écarter l'affaire, mais elle se découvrira par une autre voie.*

Le dimanche 10 mars, au matin, entre sept et huit heures, Martin était encore dans sa chambre tout seul ; l'inconnu lui apparut et lui parla ainsi : *Je vous avais dit que mon nom resterait inconnu ; mais puisque l'incrédulité est si grande, il faut que je vous découvre mon nom* (**) *: je suis l'Archange*

(*) Voyez à ce sujet la réponse de Sa Majesté, p. 63, lig. 30.

(**) On peut remarquer ici une analogie sensible avec la manière dont l'Ange s'est annoncé auprès de Tobie, quand il lui a dit : « Je suis l'Ange Raphaël, l'un des sept qui sommes présens devant le Seigneur. » *Unus e septem qui astamus ante Dominum.* La frayeur de Martin, après une pareille annonce, a aussi quelque chose de semblable à ce que l'Ecriture rapporte des deux Tobie, lorsque l'Archange leur dit ce qu'il était.

Quelques personnes ont paru étonnées, 1° de ce que l'Ange qui avait dit d'abord que son nom resterait inconnu, s'est ensuite déclaré et manifesté pour ce qu'il était; 2° de ce qu'il a encore apparu à Martin, après lui avoir dit que, puisqu'on le traitait ainsi, il ne reviendrait plus. Cette conduite de l'Ange paraît, il est vrai, différente, mais elle n'est ni trompeuse ni inconséquente. On voit des exemples, dans l'Ecriture-Sainte, de ces contradictions qui ne sont qu'apparentes. Ainsi Jonas annonce sans condition la destruction de Ninive, et cette ville n'est point détruite au terme marqué ; Isaïe prédit à Ezéchias qu'il mourra certainement de la maladie dont il est atteint, et Ezéchias n'en meurt pas. Ne soyons donc pas étonnés que l'Ange conducteur de Martin ait paru changer de langage

Raphaël, Ange très célèbre auprès de Dieu ; j'ai reçu le pouvoir de frapper la France de toutes sortes

---

et se prêter de cette sorte à notre manière d'agir, qui varie fréquemment dans le cours de la vie, quelquefois même d'un jour à l'autre, selon les circonstances, les lieux et les personnes. L'Ecriture ne dit-elle pas aussi, en parlant de Dieu, qu'il se repentit d'avoir fait l'homme, etc. ? Dans la mission de Martin, l'Ange paraît se conduire comme si la connaissance qu'il donne de son nom n'était pas entrée dans son premier dessein. Il ne semble se déterminer à ce nouveau bienfait qu'à la vue de notre grande incrédulité qui est telle, qu'il faut une révélation aussi frappante pour nous réveiller. Et sans doute encore qu'il agit de la sorte, pour nous faire mieux sentir le prix d'une faveur dont nous sommes si indignes par nos mauvaises dispositions. C'est par le même principe de bonté, par un excès de compassion pour la malheureuse France (car les bons Anges ne frappent qu'à regret), qu'il revint encore trouver Martin, dont la mission faisait si peu d'effet, afin que cette mission étant accomplie entièrement et devenue mieux connue qu'elle ne l'était, on se rende enfin à ses avis, si l'on ne veut demeurer sans excuse.

Nous croyons aussi devoir observer aux personnes qui élèvent les difficultés ci-dessus, qu'il est étonnant que d'une autre part, elles ne soient pas frappées bien davantage de voir que celui que Martin ne connaissait pas encore, lui ait rapporté si exactement tout ce que lui avait dit son Evêque, sans que Martin l'ait vu présent à l'audience qu'il a eue de Monseigneur. Cependant n'est-il pas sensible qu'une telle pénétration excède la puissance de l'homme, supposé, comme on doit le faire, l'incontestable droiture et parfaite bonne foi du bon laboureur, incapable en toutes manières de rien inventer de semblable ? Pour ceux qui voient ici un Ange de ténèbres, on ne peut que les plaindre, et toute la suite de cet œuvre y répugne nécessairement.

de plaies. A ces mots, Martin, comme il l'a avoué depuis à M. le Curé, fut saisi de frayeur et éprouva une sorte de crispation. L'Ange lui annonça encore que la paix ne serait pas rendue à la France avant l'année 1840. Martin, ainsi qu'il avait coutume, rendit compte à M. André de cette frappante apparition. Quelques heures après ils sortirent ensemble, et M. André ayant fait rencontre d'un de ses amis, s'entretint avec lui l'espace d'une heure.

Le lendemain matin, sur les 7 heures, nouvelle apparition, dans laquelle l'Ange lui dit : *Ceux qui étaient hier avec vous se sont entretenus de vous ; vous n'entendiez pas leur langage* (ils avaient parlé en anglais) ; *mais ils ont dit que vous veniez pour parler au Roi, et l'un a dit à l'autre que quand il serait retourné dans son pays il lui donnât de ses nouvelles, pour savoir comment la chose se serait passée*. Au retour de M. André, Martin lui rapporta ceci, sur quoi le Lieutenant lui dit : Puisqu'il vient ainsi vous visiter, faites-le moi donc voir la première fois qu'il viendra.

Le même jour, 11 mars, et deux heures après, Martin reçut encore, en l'absence de M. André, l'ordre d'aller parler au Roi : *Au moment*, lui dit l'Ange, *que vous serez devant lui, on vous inspirera ce que vous aurez à lui révéler. Le Roi est entouré de gens qui le trahissent, et on le trahira encore. Il s'est sauvé un homme des prisons ; on a fait accroire au Roi que c'était par finesse et par l'effet du hasard ; mais la chose n'était point telle : elle a été préméditée ; ceux qui auraient dû mettre à sa poursuite ont négligé les moyens ; ils y ont mis beaucoup de lenteur et de négligence ; ils l'ont fait poursuivre quand il n'était pas possible de l'atteindre.*

Martin a rapporté dans la suite cette particularité à un officier supérieur qui vint le voir à Charenton, et cet officier dit tout bas, mais de manière à être entendu du seul Directeur : C'est Lavalette. En quittant Martin, cette fois, l'Ange lui dit : *Vous allez avoir encore aujourd'hui la visite du même Docteur ;* et il disparut.

Le soir, sur les quatre heures et demie, le Docteur arriva comme il était à dîner. Martin remonte avec lui dans sa chambre où se rend aussi M. André qui rentrait dans le même moment. Le Docteur inspecte Martin, lui tâte le pouls ; mais Martin lui dit: « Il vient encore de m'être annoncé qu'il faut que je « parle au Roi, que je fasse ma commission, que tant « qu'elle ne sera pas faite, je ne serai pas tranquille. « Il m'avait été dit que vous viendriez me revoir au- « jourd'hui; mais parce que vous tardiez, je pensais « qu'on m'avait trompé. » Le Docteur lui répond : Ce ne sera rien que cela, nous ferons passer cette maladie-là. « Moi, dit Martin, je ne suis pas malade, « puisque je bois, que je mange bien et dors de « même. » Assurément ; il dort bien, témoigne M. André : car je ne dors pas toute la nuit, et je l'entends ronfler.

Le mardi 12 mars, sur les sept heures du matin, comme Martin finissait de s'habiller, l'Ange se montra proche la fenêtre, et lui parla ainsi : *On ne veut rien faire de ce que je dis ; plusieurs villes de France seront détruites; il n'y restera pas pierre sur pierre: la France sera en proie à tous les malheurs; d'un fléau on tombera dans un autre.* Dans ce moment, Martin dit à M. André : « Puisque vous désirez le « voir, le voilà qui me parle. » Le Lieutenant saute aussitôt du lit, vient à la place que lui indique Martin, étend les bras, tâtonne de toutes parts. Pendant ce temps, Martin voyait l'Ange varier et changer de place. M. André ne sentant ni n'entendant rien, dit alors à Martin : C'est étonnant que je ne voie ni n'entende rien; comment se peut-il faire que l'un voie et entende, et que l'autre ne voie ni n'entende rien? passe encore pour voir, mais au moins je devrais entendre. Martin répond : « Je ne comprends pas « non plus; mais il faut bien que l'un voie et en- « tende, et que l'autre ne voie et n'entende pas, « puisque je le vois et que je l'entends; et voilà « comme il me dit. » M. André s'habille et sort, laissant Martin seul dans la chambre.

Sur les dix heures, nouvelle apparition, où l'Ange dit à Martin : *On va prendre des informations de vous dans votre pays, pour savoir les personnes que vous fréquentiez.* Sur-le-champ, Martin en donna avis à son frère, comme il l'a déclaré quand il a été à Charenton. Voici un extrait de sa lettre qui est arrivée le 14, par la poste, à Gallardon:

Paris, le 12 mars 1816.

« Mon Frère,

« Je t'écris cette lettre pour te faire savoir que

« je suis en bonne santé. Ce qui m'inquiète le plus, « c'est l'ouvrage : tous les jours de nouvelles ques- « tions : la même apparition m'a dit qu'on allait « prendre des informations de moi à Gallardon, « pour savoir les personnes que j'y fréquentais. Je « te dirai que l'incrédulité est si grande, qu'il a été « obligé de me dire son nom. Je crois bien que « cela sera long, parce qu'on ne veut pas croire à « toutes ces choses, quoiqu'ils se trouvent confon- « dus à toutes les fois..... Qu'on ne prenne aucun « chagrin de moi, parce qu'il m'a promis assistance « dans tout ce que j'ai à répondre. A tous momens « il me dit de nouvelles affaires ;..... tu diras à « ma femme qu'elle ne prenne aucun chagrin de « moi ;..... mais il faut que je fasse la volonté de « celui qui m'a envoyé ; et je ne puis me dispenser « de faire ce qu'il me commande..... Rien autre « chose à te marquer, etc. »

Suivant l'avis qu'avait reçu Martin, le Ministre écrivit le 15 à M. le Préfet ; et le 16, M. le Curé de Gallardon reçut du Préfet la lettre suivante, dont voici le texte :

« Veuillez bien m'informer, monsieur, des rela- « tions antérieures de Martin à Gallardon, et ne « me laissez rien ignorer de ce qui le concerne ; je « suis, etc. »

Aussitôt, M. le Curé prit dans le pays les informations les plus exactes sur Martin, et dès le lendemain il envoya sa réponse à M. le Préfet.

Lorsque Martin fut revenu au mois d'avril à Gallardon, MM. Pinel et Royer-Collard, médecins, demandèrent à M. le Curé la même lettre de Martin et celle du Préfet, pour constater le fait et l'insérer dans leur rapport. M. le Curé les leur envoya aussitôt en original. Elles ont été déposées à l'hospice de Charenton.

L'après-dînée, le Lieutenant sortit avec Martin; ils allèrent ensemble proche le Val-de-Grace, et le docteur Pinel, que M. André alla voir dans ce quartier, lui remit des papiers qu'il porta de suite à l'hôtel du Ministre, toujours accompagné de Martin, avec lequel il revint à l'hôtel de Calais. Il paraît qu'il y a eu d'abord deux rapports particuliers faits par M. Pinel au Ministre de la police, au sujet de Martin, et ce fut d'après ces rapports que le Ministre crut devoir l'envoyer, comme on va le dire, à la maison de santé de Charenton. Cependant, tout en déclarant que Martin était atteint d'une *hallucination de sens,* ou aliénation intermittente, M. Pinel assura qu'il lui avait toujours répondu d'une manière directe et sans manifester aucune trace de délire.

Le mercredi 13 mars, sur les neuf heures du matin, M. André mena, chez le Ministre, Martin qui resta dans la première chambre, où étaient plusieurs Secrétaires; le Lieutenant seul parla au Ministre, lequel lui remit des papiers. En sortant il reprit Martin, et comme il marchait devant lui, à six ou sept pas de distance, l'Archange parut devant Martin: *On va*, lui dit-il, *vous conduire dans une maison où vous allez être détenu, et votre conducteur s'en retournera seul dans son pays*. Lorsqu'il eut rejoint M. André, celui-ci lui dit: Nous allons nous promener. « Oui, répondit Martin, vous allez « me conduire dans une maison où je resterai pour « être examiné, interrogé et questionné, et vous, « vous vous en retournerez seul chez vous. »—Non, nous nous en retournerons ensemble.—« Non, nous « ne nous en retournerons pas ensemble; mais on « a beau faire, malgré tout ce qu'on fait contre moi, « je parviendrai à parler au Roi, et on verra bien « que les affaires ne viennent pas de moi-même. Il « faut nécessairement que je les fasse. » M. André lui dit : On fera comme l'on voudra, il faut bien que je fasse aussi ce qu'on m'a commandé. Ils prirent donc une voiture de place, et se rendirent à Charenton.

CHAPITRE TROISIÈME.

Des faits relatifs au sieur Martin, qui se sont passés durant son séjour à Charenton, dans la maison de santé.

Martin et son conducteur arrivèrent à Charenton sur le midi, et furent trouver aussitôt le directeur de la maison de santé. En remettant Martin entre ses mains, M. André le lui recommanda comme un homme droit, religieux et digne de tout intérêt. Le Directeur (M. Roulhac du Maupas) ayant lu les papiers et les ordres que M. André lui apportait de la part du Ministre, interrogea Martin devant son conducteur : Qu'est-ce que vous avez? lui dit-il.

« Moi, je n'ai rien, » répondit Martin. Sur la demande de M. le Directeur, M. André dit que, depuis huit jours que Martin était avec lui, il ne lui avait rien vu faire d'extraordinaire, et qu'il n'était pas nécessaire de le retenir à l'étroit. « Vous « pouvez me visiter, » dit Martin au Directeur, qui lui répond : Je ne suis pas médecin ; pourquoi vous envoie-t-on ici? Martin, sans hésiter, lui rapporte la suite des évènemens, et les diverses apparitions qui lui sont arrivées depuis le 15 janvier ; sa comparution chez M. l'Evêque de Versailles, chez M. le Préfet à Chartres, et enfin devant le Ministre à Paris. Le Lieutenant confirme son témoignage sur plusieurs points, comme en ayant été le témoin depuis qu'il était avec lui. Martin, en finissant, dit à M. le Directeur : « Vous verrez que je ferai « tout ce qui m'est commandé, et que je ne resterai « pas ici. »

M. André fait ses adieux ; Martin le reconduit avec le Directeur, et en le quittant, il lui dit : « Vous « voyez bien que vous vous en allez ; et moi je vais « rester. » Je sais bien, répond M. André, que vous me l'avez dit en venant, mais il a fallu que je fisse ce que le Ministre m'avait commandé.

Ensuite le surveillant fit monter Martin à sa chambre. Là, il l'interrogea sur les divers évènemens qui lui étaient survenus, et il répondit avec la même exactitude qu'il l'avait fait devant M. le Directeur. De là il fut conduit dans une chambre qu'on venait de lui assigner dans le corridor ou dortoir commun.

Il paraît que cette réclusion fit d'abord sur Martin une impression pénible, lorsqu'il se vit ainsi entièrement séparé de sa famille, de ses amis et de toutes ses habitudes. Mais cette impression ne fut pas d'une longue durée ; d'ailleurs il ne pouvait se trouver en meilleures mains ; et M. le Directeur ne tarda pas, de son côté, à le connaître pour ce qu'il était, surtout après avoir reçu une lettre honorable pour Martin, que lui écrivit M. le Curé de Gallardon, aussitôt qu'on lui eut appris que son paroissien était entré dans la maison de santé.

Le même jour de son arrivée, sur les quatre heures après midi, M. Royer-Collard, Médecin en chef, fit son cours de visite à l'hospice de Charenton. Quand il fut au tour de Martin, il lui demanda ce qu'il avait, et Martin répondit comme à tous les autres : « Je n'ai rien. » Cependant, lui dit M. le Médecin, il y a quelque chose pour que vous soyez ici ? « Je l'ai dit, répliqua-t-il, à M. le Di-« recteur. » Là-dessus M. Royer-Collard l'engagea de même à dire avec franchise ce qu'il savait à cet égard, lui promettant de l'écouter avec bonté, et de faire tout ce qui dépendrait de lui pour le rendre à sa famille. Martin, sans hésitation, mais aussi sans empressement, commença de nouveau le récit des évènemens qui lui étaient arrivés. Dans ce moment il était observé par les médecin, chirurgien et surveillant de la maison : le Docteur, tout en l'écoutant, lui tâtait le pouls, et le fixait avec beaucoup d'attention.

Pendant tout son récit, Martin ne montra ni trouble ni émotion marquée ; son visage ne changea point de couleur ; le ton de sa voix demeura constamment le même : seulement, en rapportant les paroles de l'Ange, son œil paraissait s'animer un peu. Lorsqu'il eut cessé de parler, le Médecin en chef lui conseilla de prendre du repos, et de ne pas trop s'occuper des objets dont il venait de l'entretenir, et il le mit à l'usage d'une tisanne rafraîchissante. Martin l'assura qu'il avait l'esprit parfaitement tranquille ; qu'il n'était nullement échauffé, que sa santé était excellente en tout point, qu'il ferait cependant tout ce qui lui serait ordonné. En le quittant, le Médecin en chef recommanda à son collègue, Médecin adjoint de la maison, au surveillant des malades, au premier élève en médecine, et à tous les infirmiers du quartier où il avait été placé, de l'observer attentivement, de suivre toutes ses démarches, et de lui rendre un compte très exact de ce qu'il ferait ou dirait.

Tout ce qu'on vient de dire au sujet de Martin dans l'article précédent, d'après M. le Médecin en chef, est confirmé par un autre témoin, élève de la maison de santé, qui a fait sur Martin une relation particulière. « Il avait été envoyé, dit-il, par le Ministre de la police, d'après un certificat qui le déclarait atteint de *manie intermittente avec hallucination de sens*. Nous le vîmes le 13 mars 1816, dans l'après-midi ; l'impression pénible que sa réclusion avait d'abord produite en lui, paraissait entièrement dissipée ; sa physionomie, sa parole et sa contenance n'avaient rien qui décelât une maladie d'esprit ; il répondit avec beaucoup de simplicité et de bon sens aux questions qu'on lui fit, touchant les motifs qui avaient pu occasioner les mesures qu'on avait prises à son égard. »

Martin, après la visite des médecins, alla dans la salle commune où se rassemblaient plusieurs aliénés, spectacle très nouveau pour lui : quelques-uns l'excitaient à rire par leurs extravagances : d'autres avaient des manies d'un genre plus sérieux, dont certaines étaient relatives à des idées religieuses. Il remarqua surtout un ancien Curé (le Curé d'Avoux), qui disait: « Il n'y a plus d'Église, plus d'Evêques, « plus de Prêtres, plus de Jésus-Christ. Je suis un « jureur, un blasphémateur, un misérable ; il n'y « a plus de pardon pour moi, je suis perdu. » Martin lui dit : « Mais, M. le Curé, vous prêchiez qu'il y avait pardon pour tout le monde, « pour les plus grands pécheurs, pourquoi donc « dites-vous comme ça à présent ? » Et cet aliéné revenait un peu à lui et à un meilleur sens.

Il n'y eut rien de nouveau pour Martin le 14 mars ; mais le 15 au matin, comme il était à s'habiller, l'Archange s'offre à ses yeux, et lui dit : *Puisqu'on vous traite de la sorte, je ne reviendrai plus vous voir ; qu'on fasse examiner la chose par des Docteurs en théologie, et l'on verra si elle est réelle ou non. Si on ne veut rien croire, ce qui est prédit arrivera ; pour vous, mettez votre confiance en Dieu ; il ne vous arrivera aucun mal ni aucune peine.*

Il est à remarquer que Martin, ne comprenant point ce que c'était qu'un *Docteur en théologie*, en demanda l'explication au surveillant de la maison de santé. La même chose lui était arrivée à Gallardon, au sujet de ces expressions figurées : La France est dans le *délire*, elle sera en *proie* à toutes sortes de maux : M. le Curé les lui expliqua.

Dans la journée du 15, Martin écrivit la lettre suivante à son frère Jacques.

Maison royale de Charenton, 15 mars 1816.

« Mon Frère,

« Je t'écris cette lettre pour te faire savoir que je « suis en bonne santé ; je souhaite de tout mon « cœur que la présente vous trouve tous de même. « Je te dirai que je suis à l'Hospice de Charenton, « depuis le 13 de ce mois. Je te prie de faire aller « l'ouvrage. Je te dirai que je ne prends aucun « chagrin ; mais je sais que ma femme est dans un « grand chagrin : pour moi, je mets tout à la vo- « lonté de Dieu. Je te dirai que je serais content « si je voyais quelqu'un de mes parens. On croit « que c'est par fantaisie que je tiens toujours le « même langage : tu me connais bien, puisque nous « avons toujours été ensemble. Je te dirai que « je suis toujours le même. Je prendrai toujours « les remèdes qu'on me fera prendre ; mais tout « cela sera inutile, parce que je suis toujours bien « comme je suis, et que cela ne venait pas de moi ;

« mais la chose m'est bien commandée : tant que « ma commission ne sera pas faite, je ne serai pas « tranquille. »

A l'arrivée de cette lettre à Gallardon, toute la famille de Martin fut dans le trouble et le chagrin, surtout sa mère, qui ne pouvait s'empêcher d'éclater, et qui eut besoin pour se remettre des avis et exhortations de M. le Curé. Déja dans toute la commune la disparition subite de Martin avait fait quelque sensation ; mais le secret ayant été gardé, on n'en put alors découvrir le véritable motif. Sur ces entrefaites, M. le Préfet reçut une lettre de Paris, où on lui marquait que Martin avait été jugé pris de folie par les médecins. Il en fit part à M. le Curé, qui lui fit réponse qu'il respectait infiniment les talens des Docteurs ; mais qu'il ne pouvait souscrire à leur décision, d'après la connaissance qu'il avait de son paroissien ; qu'au reste, si Martin était fou, c'était un bon fou, à qui il ne fallait d'autres remèdes que ceux qu'on lui administrait ; savoir : de l'héberger et de le bien nourrir, mieux qu'il n'était chez lui en travaillant beaucoup. En même temps, M. le Curé écrivit au Ministre pour lui dire ce qu'il pensait de Martin, qu'il retenait pour les causes majeures dont lui-même avait été confident et dépositaire. Il lui dit en deux mots que Martin était à la fois fidèle serviteur de Dieu et sujet dévoué pour le Roi. Il finit par représenter à son Excellence que c'était la saison de labourer et d'ensemencer les terres : en conséquence, il demandait qu'il permît à Martin de revenir, sur l'assurance qu'il se représenterait à la première demande qui lui en serait faite : que si son Excellence ne jugeait pas à propos de renvoyer Martin, elle voulût bien donner des ordres pour que ses terres ne restassent pas incultes. Le Ministre répondit par une lettre des plus honnêtes, écrite de sa main ; elle était en même temps honorable pour Martin, et en outre elle renfermait un billet de 400 francs de la caisse du Roi : son Excellence chargeait M. le Curé d'en toucher le montant chez le receveur-général à Chartres, pour le remettre à la femme de Martin et pourvoir au soin de sa culture.

A Charenton, le 15 mars, sur les quatre heures du soir, le Médecin en chef fit sa visite accoutumée ; Martin lui rapporta ce qu'il avait vu et entendu le matin, au sujet de ce que l'Ange lui avait dit qu'il ne reviendrait plus le voir. Il reviendra encore, lui dit le Médecin, quoique Martin ne le crût pas en ce moment, parce qu'il regardait cette parole de l'Ange comme irrévocable.

Il n'y eut rien de nouveau depuis le 16 jusqu'au 22 mars, concernant la personne de Martin : mais le 18 du même mois, M. Royer-Collard, qui le suivait avec une attention toute particulière, donna onze questions au Directeur de la maison de santé, qui les adressa de suite au Curé et au Maire de Gallardon. Le Médecin en chef avait en vue de s'assurer du caractère de Martin, de son genre d'esprit, de ses opinions, de sa conduite, etc. Ses questions, auxquelles on a joint les réponses du Curé et du

Maire de Gallardon, sont rapportées à la fin de ce récit, page 75.

Le 22 mars, Jacques Martin, frère de Thomas, arriva sur les neuf heures du matin à l'Hospice de Charenton. Autant qu'on a pu en juger par ses discours, il s'y montra comme un homme rempli de sens et de droiture. Après avoir passé une partie de la journée avec son frère, il fut mandé l'après-midi dans la chambre où étaient assemblés les Docteurs avec M. le Directeur et les principaux de la maison. Interrogé sur son frère Thomas et sur tous les points qui faisaient le sujet des onze questions qu'on venait d'envoyer dans sa commune, il répondit que l'on avait toujours observé chez Martin un caractère extrêmement doux et modéré; qu'on n'avait jamais remarqué en lui d'idées exaltées, sur quelque point que ce fût; qu'il avait toujours mené une conduite irréprochable et basée sur des sentimens religieux bien entendus et dégagés de tout fanatisme et superstition; que les révolutions, de quelque nature qu'elles eussent été, n'avaient jamais produit sur son esprit une impression remarquable; qu'il avait toujours joui d'une bonne santé, au physique comme au moral; et que personne de sa famille n'avait eu de maladie d'esprit : il ajouta que lui-même étant à labourer avec son frère, il vit ce dernier s'arrêter un jour dans l'attitude d'un homme qui écoute; il voulut alors s'arrêter aussi, mais il fut obligé de courir après son cheval qui continua de marcher malgré lui : son frère lui fit part de ce qui s'était passé.

Dans le même temps que Jacques Martin rendait ce témoignage, le Curé de Gallardon recevait, ainsi que le Maire, le paquet renfermant les onze questions données le 18 mars au Directeur, par M. Royer-Collard. Leurs réponses à ces questions furent uniformes et précises : elles présentent Martin comme un homme franc, ouvert, modéré, remplissant ses devoirs fidèlement, mais sans ostentation, ennemi de la révolution, mais sans aigreur, ami du Roi sans apparat, d'humeur gaie, d'un caractère ferme, point crédule, point ami du merveilleux, incapable de servir un parti aux dépens de la sincérité et de la vérité.

Ces réponses qui furent d'abord adressées à Chartres, à M. le Préfet, arrivèrent à Charenton le surlendemain du départ du frère de Martin, en sorte qu'il ne pouvait y avoir aucune collusion de part et d'autre, quoiqu'il y eût dans tous les témoignages une si grande conformité.

Jacques Martin était reparti dès le 23 mars pour Gallardon, laissant son frère dans une parfaite tranquillité, sans qu'on remarquât en lui la moindre émotion, même au moment de l'adieu.

Le lundi 25, Martin fut visité par M. le Médecin en chef, qui lui demanda s'il voyait encore quelque chose; non, Monsieur, répondit ingénument celui-ci; car l'Ange m'a dit qu'il ne reviendrait plus. Il reviendra encore, lui dit M. le Docteur, vous le verrez, c'est une affaire commencée, il faut qu'elle finisse.

Le mardi 26, sur les sept heures du matin, comme

Martin commençait à écrire à son frère pour lui recommander l'ouvrage des champs, l'Ange parut à côté de la table sur laquelle il écrivait. Martin a rapporté cette apparition dans la lettre suivante, qui a été copiée avant qu'on la mît à la poste.

Maison royale de Charenton, le 26 mars 1816.

« Mon Frère,

« Je t'écris cette lettre pour te marquer que je « suis toujours en bonne santé; je souhaite de tout « mon cœur que la présente vous trouve tous de « même. Comme j'ai commencé à t'écrire, la même « apparition m'est apparue; il m'a dit les choses en « ces termes : *Mon ami, je vous avais dit que je ne « reviendrais plus vous voir; je vous assure que « j'aurais une grande douleur si mes démarches « étaient inutiles. Je vous assure que le plus terri- « ble fléau est prêt à tomber sur la France, et qu'il « est à la porte. Les peuples en voyant arriver ces « choses seront saisis d'étonnement et sècheront de « frayeur. Ce qui avait été prédit autrefois est ar- « rivé comme il avait été annoncé; de même la chose « arrivera, si l'on ne pratique pas ce que j'ordonne. « La France n'est plus que dans l'irreligion, l'or- « gueil, l'incrédulité, l'impiété, l'impureté, et en- « fin livrée à toutes sortes de vices : si le peuple se « prépare à la pénitence, ce qui est prédit sera ar- « rêté; mais si l'on ne veut rien faire de ce que j'an- « nonce, ce qui est prédit arrivera*. L'Archange me « dit aussi que je ne pouvais désirer une meilleure

« santé, que l'on me fasse visiter par les Docteurs « les plus savans, qu'ils ne pourraient trouver au- « cune maladie en moi ; il me dit aussi que si je suis « retenu, c'est que l'on veut faire une épreuve de « moi ; il dit que c'est une erreur de vouloir m'é- « prouver, après toutes les choses qui sont écrites. » Martin a aussi déclaré que l'Ange lui avait dit, avant de disparaître : *Je vous donne la paix, n'ayez ni chagrin ni inquiétude.*

Martin écrivait cette lettre à mesure que l'Ange lui parlait : il le voyait à côté de lui et n'osait cependant le regarder jusqu'au visage, seulement il distinguait qu'il avait une main comme appuyée sur la fenêtre. L'apparition finie, il porta sa lettre au surveillant qui, l'ayant lue en son particulier, crut devoir la remettre à M. le Directeur. Cette lettre a été lue par diverses personnes ; et de suite elle a été communiquée au Ministre de la police : elle n'est arrivée à Gallardon, par la poste, que huit jours après.

Depuis que Martin était retenu à l'Hospice de Charenton, il était, comme on l'a vu, sujet à la visite du médecin ; mais il n'y parut point les 27 et 28 mars. Nous allons encore le suivre à ce sujet, dans un rapport particulier concernant une apparition qui lui arriva ce dernier jour.

« Le jeudi 28 mars, sur les cinq heures après « midi, comme je me promenais dans le jardin, « l'Archange se présente devant moi, et me dit : « *Pourquoi n'allez-vous pas à la visite?* Je lui ré- « ponds, j'y vais : il me dit, mais bien brièvement :

« *Elle est faite. .;* et moi, c'était par exprès que je « tardais toujours à y aller, je m'amusais tant que « je pouvais, parce que tous ces gens-là qui étaient « de la visite se moquaient de moi. » L'Ange ajouta : *Vous ne voulez pas mentir; il vaut mieux obéir à Dieu qu'aux hommes (act. 5, 29). L'Ange de lumière ne peut annoncer les choses de ténèbres; l'Ange de ténèbres ne peut pas annoncer les choses de lumière* (*). *Qu'on profite de la lumière tandis*

(*) Quelques personnes, mais en petit nombre, ont prétendu qu'il était faux de dire qu'un Ange de ténèbres ne pouvait annoncer des choses de lumière : sur quoi elles n'ont pas manqué de citer le passage de saint Paul, qui porte : *que Satan même se transforme en Ange de lumière* (II, Cor. ch. 11, 14); mais ces personnes n'ont pas fait attention qu'en admettant qu'un Ange de ténèbres se transforme en Ange de lumière, il ne s'ensuit nullement qu'il annonce des choses de lumière pour éclairer ceux qu'il a en vue de tenter et séduire. Par exemple, l'abus qu'a fait le diable pour tenter notre Seigneur, des paroles de l'Ecriture-Sainte, ne présentait qu'une voie de ténèbres par le mauvais usage et la fausse application qu'il faisait de la parole de Dieu. Par là il se montrait le chef de ceux dont il est dit : *qu'ils mettent les ténèbres à la place de la lumière.* Ponentes tenebras lucem, et lucem tenebras (*Isaïe*, 5, 20). Et Jésus-Christ nous avertit *de prendre garde que la lumière, qui est en nous, ne soit que ténèbres* (Luc. 11, 25). On ne croit pas, d'après cet éclaircissement, qu'une aussi légère difficulté doive arrêter de bons esprits.

Le lecteur ne manquera pas de remarquer encore la conformité des autres paroles de l'Ange avec celles de Jésus-Christ: *Marchez durant que vous avez la lumière, afin que les ténèbres ne vous surprennent pas* (Jean, 12, 35). Faute de l'a-

qu'on a la lumière ; pour vous, mettez votre confiance en Dieu, il ne vous arrivera aucun mal : et il disparut, comme les autres fois.

Le même jour 28 mars, M. Le Gros surveillant, fit venir Martin dans sa chambre, et mettant la conversation sur les apparitions de l'Ange : Puisque vous le voyez ainsi, lui dit-il, quand vous le verrez, vous lui demanderez qu'il me prenne sous sa protection : je serais bien aise d'être sous la protection d'un Ange. « Oui, répondit Martin, je le lui de« manderai. » Il n'eut pas la peine de le faire; car, dès l'apparition suivante, l'Ange le prévint et lui dit : *Quelqu'un de la maison vous a demandé que je le prenne sous ma protection, vous lui direz : Que tous ceux qui professent la religion, et qui la pratiquent avec une ferme foi, seront sauvés.*

Martin, dans une autre occasion, avait cru aussi pouvoir se permettre de faire quelque question à l'envoyé céleste ; mais il lui fut dit qu'il n'avait point de question à faire, et qu'on lui dirait tout ce qu'il fallait. Nous tenons ce fait de lui-même.

Cependant l'affaire de Martin s'ébruitait sourdement à la Cour. M. Sosthènes de la Rochefoucauld qui en fut instruit, vint à Charenton, le 29 mars ; il avait été précédé la veille par un Ecclésiastique qu'envoyait Monseigneur l'Archevêque de Reims,

---

voir écouté, la porte de la miséricorde fut fermée aux Juifs, et ils finirent par tomber dans les plus profondes ténèbres, dans un aveuglement pénal.

pour voir, examiner Martin, et s'instruire de sa propre bouche du fond de son affaire et de ses circonstances. Martin, présenté par M. le Directeur, leur rapporta fidèlement ce qui lui était arrivé la veille. Ensuite, sur leurs instances, il reprit de nouveau le récit des autres évènemens depuis le 15 janvier. L'Ecclésiastique, à ce sujet, rédigea, sous les yeux de M. de la Rochefoucauld, un écrit que Martin lui-même a signé, ainsi que cet Ecclésiastique. Voici la remarque qu'a faite ce dernier à la fin de la rédaction des dépositions ci-dessus. « Martin m'a assuré que toutes les fois que l'Archange lui parle, c'est toujours avec une douceur ineffable, toujours très clairement et en peu de mots. Je puis attester, ajoute cet Ecclésiastique, qu'ayant causé long-temps avec Martin, je l'ai trouvé dans une raison parfaite : son nouveau genre de vie, si opposé aux habitudes qu'il avait chez lui, ne lui donne pas la moindre inquiétude; il a une femme et des enfans, et s'en remet entièrement à la sainte volonté de Dieu sur leur sort et sur le sien. En un mot, il jouit d'un calme surnaturel; il a une grande douceur, une piété sans exaltation ; il m'a dit que sa dévotion consistait à garder les commandemens de Dieu et de l'Eglise... Il est d'une naïveté et d'une simplicité qui ne peuvent se concevoir. Enfin, il est à son aise avec tout le monde. Fait à l'hospice de Charenton, ce 29 mars 1816. » Suit la signature de l'Ecclésiastique (L'abbé Dulondel).

Le 30 mars au soir, Martin, mandé chez M. le Directeur, y a trouvé encore M. de la Rochefoucauld, et lui a confirmé ses premières dépositions.

Quelques jours avant, le même Monsieur avait envoyé à Gallardon pour être instruit par M. le Curé, de toute la suite des évènemens relatifs à son paroissien. M. le Curé crut d'abord devoir l'engager à s'adresser aux premières autorités qui avaient encore en ce moment l'affaire entre les mains. Cependant, toutes réflexions faites, il donna satisfaction à M. de la Rochefoucauld, par une lettre, en date du 28 mars. Ce Monsieur, aussitôt vint en communiquer avec Monseigneur le grand Aumônier de France, qui l'engagea de suite à renvoyer à Gallardon, pour déterminer M. le Curé à se transporter à Paris. La lettre, adressée au Curé, portait que toute occupation cessante, il était prié de se rendre auprès de Monseigneur l'Archevêque de Reims, à qui le Roi avait remis le soin et la connaissance de l'affaire de Martin. Dès le lendemain 1er avril, M. le Curé, vers les cinq heures après midi, se trouva chez M. de la Rochefoucauld; sur l'avis qu'en donna aussitôt ce Monsieur, le Curé fut admis à l'audience de l'Archevêque, le 2 avril 1816, à une heure après midi; il l'entretint durant une heure, et Monseigneur dit au Curé que son rapport était conforme à celui qu'on avait recueilli par ses ordres à l'hospice de Charenton. L'Archevêque, parlant de Martin, ajouta d'un air soucieux : C'est aujourd'hui qu'il paraît devant le Roi, je ne sais quelle impression ceci pourra faire sur Sa Majesté (Le Roi était alors un peu incommodé).

Durant ces diverses négociations, Martin eut encore une apparition non moins remarquable que les précédentes. Voici comme il l'a rapportée lui-même.

« Le dimanche 31 mars, j'étais sur les deux à trois « heures de l'après-midi, dans le jardin, il m'a ap- « paru et m'a dit : *Il y aura encore des discussions :* « *les uns diront que c'est une imagination ; les au-* « *tres que c'est un Ange de lumière, et d'autres que* « *c'est un Ange de ténèbres : je vous permets de me* « *toucher*. Il me prend la main droite, avec sa main « droite, et me la serre » réellement, et comme Martin l'a dit à M. le Directeur, en lui prenant la main, aussi sensiblement que je serre actuellement la vôtre. « Il ouvre sa redingote par devant ; quand « elle a été ouverte cela m'a semblé plus brillant « que les rayons du soleil, et je n'ai pu l'envisager. » (Martin fut obligé de mettre sa main devant ses yeux.) « Il ferme sa redingote, et quand elle fut « fermée, je n'ai plus rien vu de brillant, il m'a « semblé comme auparavant. » Cette ouverture et cette fermeture se sont opérées sans aucun mouvement de sa part. « Il retire son chapeau en arrière, « et me dit, en touchant son front avec la main, « *l'Ange rebelle porte ici les marques de sa con-* « *damnation* (*), *et vous voyez que je n'en ai pas ;*

(*) On a objecté que jamais les maîtres de la vie spirituelle n'avaient donné, comme un signe indicatif pour reconnaître l'Ange de ténèbres, une marque semblable sur le front ; nous répondrons : 1° Que l'on ne voit pas qu'aucun de ces maîtres nous ait dépeint le Diable de la tête aux pieds, lorsqu'ils rap-

« il me dit, en finissant : *Rendez témoignage de ce* « *que vous avez vu et entendu.* »

Le soir du même jour, sur les quatre heures après midi, un officier supérieur, qui avait, comme l'a dit Martin, de grosses épaulettes en or, vint pour le demander à la Maison de Santé. Ils se promenèrent ensemble environ une demi-heure; et Martin répondant à ses diverses questions, lui fit encore le détail de tout ce qui lui était arrivé ; il ajouta : « Il « m'a toujours été dit qu'il fallait que je parle au Roi; « mais je crois qu'il n'est guère possible de parler au « Roi. » Non, à la vérité, lui dit l'officier, mais on pourra bien vous y faire parler. Martin finit par lui faire le rapport de l'apparition toute nouvelle qu'il venait d'avoir.

Le lendemain, 1er avril, le Médecin en chef, M. Royer-Collard, fit venir Martin dans le cabinet de M. le Directeur, et lui dit : Je m'en vais bientôt faire mon rapport, vous ne serez pas long-temps ici; ne vous l'avais-je pas bien dit que vous verriez encore quelque chose? car il faut qu'une affaire commencée comme celle-ci ait une fin. Il m'avait pour-

---

portent quelque apparition où il se soit montré sous une forme humaine, si même on l'a vu jamais revêtu de la figure humaine, sous tous les rapports; 2° ces maîtres ne nous disent pas si l'on a pris soin d'examiner son front à découvert. On peut donc voir, dans cet avis de l'Ange, un nouveau trait de lumière que Dieu n'avait pas jugé à propos de nous découvrir jusqu'à cette heure, mais qui, dans la suite, peut avoir une vraie utilité.

tant bien dit, reprit Martin, qu'il ne reviendrait plus. Et moi, lui dit le Docteur, je savais bien qu'il reviendrait encore.

Le 2 avril fut le dernier du séjour que Martin fit à la Maison de santé. Comme il était à son dîner, on le demande chez M. le Directeur. Il y trouve un Monsieur qui lui dit : Mon ami, vous allez venir à Paris avec moi. « Eh bien! répond Martin tranquil-« lement, s'il faut aller à Paris, je veux bien y al-« ler. » Je ne sais pas pourquoi, lui dit-on; mais si vous voyez aujourd'hui le roi, cela ne vous étonnerait-il pas? « Non, Monsieur, dit Martin, puisque « je ne suis ici que pour aller lui parler : il m'a tou-« jours été annoncé que j'irais lui parler. » Ils partirent ensemble, et arrivèrent à l'hôtel de la police. Le Ministre donnait ce jour-là audience ; Martin, pour pouvoir lui parler, fut obligé d'attendre que son audience fût finie.

Avant de rapporter ce qu'on peut regarder comme le dénouement et le complément de la *mission* de Martin, nous croyons devoir donner une idée de sa conduite et de ses habitudes, durant les trois semaines qu'il a passées à l'Hospice de Charenton.

« Sa santé a toujours été très bonne, nous dit un fidèle observateur, et sa conduite ne s'est pas démentie un seul instant. Comme il était parfaitement tranquille, on lui accorda l'usage du parc pendant les trois quarts de la journée, soit pour que, se sentant plus libre, il songeât moins à se contraindre, soit parce qu'étant habitué à une vie très active, le travail du jardin pouvait, jusqu'à un certain point, servir de compensation à ses travaux ordinaires. Il a profité tous les jours de cette permission et n'en a point abusé : vivant en quelque sorte au milieu des jardiniers et des hommes de peine, il n'a point cherché à se faire valoir auprès d'eux, ne leur a pas dit un mot de ses apparitions, et a partagé leur travail, comme s'il eût été l'un d'entre eux. Ce n'est point qu'il cachât obstinément ce qu'il éprouvait, mais il n'en parlait qu'à ceux à qui il croyait être obligé d'en rendre compte, et il le faisait alors avec ouverture et simplicité.... Observé à tous les instans du jour, et lorsqu'il était seul, et lorsqu'il était avec quelqu'un, il a été impossible de découvrir en lui la moindre apparence de délire, la plus légère marque d'exaltation ; et, dans sa conduite ordinaire, il s'est toujours montré comme très reconnaissant et très sensé. Il a toujours bien mangé, bien digéré, bien travaillé, bien dormi. Il n'a laissé voir ni agitation ni torpeur, ni excès de gaîté, ni excès de tristesse. Toutes ses fonctions physiques, intellectuelles et morales, ont paru s'accomplir avec la plus grande régularité. »

AVERTISSEMENT.

Nous donnons ici la relation du Sieur Martin, concernant l'audience que Sa Majesté a bien voulu lui accorder. C'est lui-même qui l'a dictée à M. le Curé de Gallardon, et celui-ci l'a mise par écrit dans les propres termes du bon villageois, autant qu'il a été possible. Nous n'avons pas cru devoir nous permettre d'en changer le style, non plus que celui des lettres ou réponses du sieur Martin, que nous avons rapportées jusqu'ici. Le lecteur judicieux considérera principalement le fond des choses renfermées dans toute cette relation, et le ton de sincérité qui en fait le plus grand mérite.

CHAPITRE QUATRIÈME.

Entrevue du sieur Martin avec Sa Majesté Louis XVIII.

Le mardi 2 avril, un Secrétaire du Ministre de la police générale est venu porter à Charenton, au Directeur de la Maison de Santé, un billet écrit de la main du même Ministre, ordonnant de lui envoyer Martin qu'on venait chercher dans un cabriolet. Le billet portait encore que, le lendemain, Martin retournerait dans son pays, puisque le Médecin en chef pensait qu'il n'y avait point de traitement à lui faire. En effet, M. Royer-Collard avait déclaré qu'il ne regardait point cet homme comme aliéné. Cet avis ayant été rapporté à Monseigneur l'archevêque de Reims, grand aumônier de France, celui-ci avait averti le Roi de ce qui se passait; et le Roi touché à l'instant d'une suite de faits si extraordinaires, avait donné ordre au Ministre de la Police de lui amener l'homme arrivé de Chartres qu'il avait fait conduire à Charenton (*). De son côté,

(*) L'on sait, à n'en pas douter, que quelques personnes d'un rang distingué attendaient avec inquiétude l'entrevue de Martin avec le Roi.

Dans une lettre du Curé de Gallardon au Curé de Mainte-

Monseigneur l'Archevêque de Reims avait invité, comme on l'a dit, M. le Curé de Gallardon à venir à Paris, afin qu'il pût fournir sur le compte de Martin les renseignemens qu'on jugerait nécessaires.

Voyons maintenant comment Martin s'est expliqué, dans sa relation particulière, au sujet de son entrevue avec Sa Majesté. C'est la même relation qui a été envoyée à M. le Préfet de Chartres; elle a été écrite de la main du Curé, et d'après le rapport de Martin lui-même ainsi qu'il suit :

« Le mardi 2 avril 1816, comme j'étais à dîner (à la Maison de Santé), il vint quelqu'un de la part du Ministre de la Police générale, qui depuis quatre semaines me retenait (tant à Paris qu'à Charenton). Ce Monsieur me dit qu'il venait me chercher pour aller à Paris. »

« Nous arrivons à l'hôtel de la Police, où le Ministre me dit : Vous voulez donc parler au Roi ? — Oui, et ma commission ne sera pas faite, avant que je lui aie parlé, comme on me l'a toujours dit, et que je lui dise ce qui m'est annoncé. » —Mais, qu'avez-vous à dire au Roi? — « Je ne sais pas pour le mo-

---

non, en date du 8 mai 1816, on lit ces mots : « Monseigneur « l'Archevêque de Reims, après mon rapport, me paraissant « fort soucieux et fort inquiet, m'a dit : Je ne sais quelle im- « pression cela fera sur le Roi..... J'ai vu à Paris des person- « nages de la plus haute (distinction) qui attendaient avec « (anxiété) l'entrevue de cet homme avec le Roi, pour juger « de la réalité des apparitions, des révélations et du résultat. « Toutes ces personnes en ont été instruites, et leurs craintes « n'ont pas diminué, non plus que les miennes pour l'avenir. »

« ment ce que j'ai à lui dire, les choses me seront « annoncées quand je serai devant le Roi.» Eh bien, puisque vous voulez y aller, je vais vous y conduire: vous allez voir un bon Roi qui est notre père à tous. Mais il ne me disait pas qu'il avait reçu l'ordre du Roi de m'y mener. »

« Il passe dans une autre chambre pour prendre son (habit d') ordonnance et dans cet intervalle l'apparition m'a dit : *Vous allez parler au Roi, et vous serez seul avec lui; n'ayez aucune crainte de paraître devant le Roi pour ce que vous avez à lui dire, les paroles vous viendront à la bouche.* »

« Et, en effet, je n'ai point du tout été embarrassé dans tout ce que je lui ai dit depuis le commencement jusqu'à la fin, et c'est la dernière fois qu'il m'a apparu, toujours dans le même costume que toutes les autres fois, depuis le 15 janvier, car il n'a jamais changé. »

« Le Ministre vint me trouver, et dit à quelqu'un en lui donnant une lettre : Vous allez mener cet homme-là au premier valet de chambre du Roi. Nous partons, mon conducteur et moi; le carrosse était prêt pour nous conduire; mais j'ai dit : Ça n'est pas la peine, j'irai bien à pied, il n'y a pas loin, il n'y a que la Seine à traverser (*). Le Ministre part après nous; mais comme il était en carrosse, il est arrivé plus tôt que nous. Nous arrivons aux Tuileries sur

(*) Martin s'est rendu chez le Roi avec le même habit, les mêmes guêtres de paysan qu'il avait à Chartres, lorsqu'il a paru devant le Préfet. Sa Majesté l'a reçu portant les divers ordres, cordons et marques distinctives de la dignité royale.

les trois heures; nous montons jusqu'à l'appartement du Roi; nous avons trouvé dans tout ce qui était en avant et dans les alentours, bien des gardes, et personne ne m'a rien dit. Celui qui me conduisait a remis sa lettre au premier valet de chambre du Roi (*), qui, après l'avoir lue, m'a dit: Suivez-moi. Mon conducteur est resté là, et n'a pas été plus loin; j'entre dans la chambre du Roi au même moment que le Ministre en sortait. »

« Le Roi était assis à côté de sa table, sur laquelle il y avait bien des papiers et des plumes. J'ai salué le Roi, et je lui ai dit, mon chapeau à la main : Sire, je vous salue; le Roi m'a dit, bonjour Martin; et j'ai dit en moi-même, il sait bien mon nom toujours. — Vous savez, Sire, sûrement pourquoi je viens? — Oui, je sais que vous avez quelque chose à me dire, et l'on m'a dit que c'était quelque chose que vous ne pouviez dire qu'à moi. Asseyez-vous. — J'ai pris un fauteuil et je me suis assis vis-à-vis du Roi; il n'y avait que la table entre nous deux; et quand j'ai été assis, je lui ai dit: Comment vous portez-vous? Le Roi m'a répondu: Je me porte un peu mieux que ces jours passés; et vous, comment

(*) On ne pense pas que celui qui a introduit Martin chez le Roi, soit un des quatre premiers valets de chambre, comme Martin a pu le présumer d'abord. Divers renseignemens que l'on s'est procurés, portent à croire plutôt que c'est un officier d'un grade supérieur, qui l'a fait entrer chez Sa Majesté. Ce que l'on tient de la bouche de Martin, c'est que son introducteur était en uniforme et avait des épaulettes; costume qui ne semble pas être celui des premiers valets de chambre.

vous portez-vous ?—Moi, je me porte bien.—Quel est le sujet de votre voyage ?— Et je lui ai dit : « Le 15 janvier , à peu près deux heures et demie de relevée, comme j'étais dans mon champ à répandre du fumier, il m'a apparu tout de suite sans que je sache d'où il venait, un homme qui m'a dit : Il faut que vous alliez trouver le Roi, et que vous lui disiez que sa personne est en danger (et le reste comme il est rapporté ci-dessus , page 10). Je lui ai dit : Mais vous pouvez bien en aller trouver d'autres que moi pour faire une commission comme ça ? Il m'a dit : Non, c'est vous qui irez. Je lui ai dit : Mais puisque vous en savez si long, vous pouvez bien aller trouver le Roi vous-même, et lui dire tout cela. Il m'a dit : Ce n'est pas moi qui irai, ce sera vous, faites attention à tout ce que je vous dis, et vous ferez tout ce que je vous commande.

« Il m'avait dit une fois qu'il m'a apparu, que son nom demeurerait inconnu, et que celui qui l'envoyait était au-dessus de lui ; mais, comme j'étais à Paris le 10 mars, au matin, il m'a dit : Puisque l'incrédulité est si grande, je vous dirai mon nom ; je suis l'Archange Raphaël, Ange très célèbre auprès de Dieu ; qui ai reçu tout pouvoir de frapper la France de toutes sortes de plaies (Voyez page 30). De retour à la maison, j'ai dit tout cela à mon frère Jacques, qui m'a dit : Il faut aller trouver M. le Curé, et lui dire tout cela. Nous y avons été dès le soir, et puis encore tous les jours après, tant que j'ai eu de nouvelles apparitions ; et après plusieurs affaires comme ça, M. le Curé nous a dit : Je ne veux pas être juge dans cette affaire-là; je vous donnerai une lettre et vous irez trouver M. l'Évêque à Versailles. J'y ai été le 26 de janvier, et je lui ai parlé le lendemain; quand il a eu lu la lettre de M. le Curé, il m'a bien regardé, il m'a bien questionné, il m'a demandé mon nom, et il l'a écrit. Il m'a dit : S'il revient encore, vous lui demanderez son nom et de quelle part il vient, et vous irez dire le tout à M. le Curé pour m'en faire part.

« (Après ces premiers détails, Martin ajouta) : Il m'a été dit aussi : On a trahi le Roi, et on le trahira encore; il s'est sauvé un homme des prisons; on a fait accroire au Roi que c'était par subtilité, par finesse et par l'effet du hasard; mais la chose n'est pas telle, elle a été préméditée; ceux qui auraient dû mettre à sa poursuite, ont négligé les moyens; ils y ont mis beaucoup de lenteur et de négligence; ils l'ont fait poursuivre quand il n'était plus possible de l'atteindre. Je ne sais pas qui, on ne me l'a pas dit. — Je le sais bien, moi, c'est Lavalette. — Il m'a été dit que le Roi examine tous ses employés et surtout ses ministres. — Ne vous a-t- on pas nommé les personnes? — Non, il m'a été dit qu'il était facile au Roi de les connaître, pour moi je ne les connais pas.

« Ici le Roi a levé les mains et les yeux au Ciel, et il a dit : Ah ! faut-il !..... Et il s'est mis à pleurer, et il a continué de pleurer jusqu'à la fin ; et moi, quand j'ai vu le Roi pleurer, j'ai pleuré aussi avec lui.

« Il m'a encore été dit : Que le Roi envoie dans ses provinces des gens de confiance, pour examiner les administrations, sans être prévenues, sans seulement qu'on sache qu'on a envoyé; et vous serez craint et respecté de vos sujets.

« Il m'a été dit de vous dire, que le Roi se souvienne de sa détresse et de son adversité du temps de son exil. Le Roi a pleuré sur la France; il a été un temps que le Roi n'avait plus aucun espoir d'y rentrer, voyant la France alliée avec tous ses voisins. — Oui, il a été un temps où je n'avais plus aucun espoir, voyant tous les États qui n'avaient plus aucun soutien. — Dieu n'a pas voulu perdre le Roi; il l'a rappelé dans ses Etats, au moment où il s'y attendait le moins. Enfin le Roi est rentré dans sa légitime possession (*). Où sont les actions de graces qui ont été rendues pour un tel bienfait? Pour châtier encore une fois la France, l'usurpateur a été tiré de son exil : ce n'a pas été par la volonté des hommes ni par l'effet du hasard, que les choses ont été permises ainsi. Il est rentré sans forces, sans armes, sans qu'on se mette en défense contre lui. Le Roi légitime a été obligé d'abandonner sa capitale, et croyant tenir encore une ville dans ses Etats, il a été obligé de l'abandonner. — C'est bien vrai, je croyais rester à Lille. — Quand l'usurpateur est rentré, il s'est formé un gouvernement de gens comme lui,

---

(*) Il est clair par ces paroles que les choses secrètes que Martin aura dites au Roi, ne peuvent avoir pour objet l'existence de Louis XVII, dont plusieurs amis de la royauté aiment toujours à se flatter; car si Louis XVIII est rentré dans sa *légitime possession*, il n'a point ravi la couronne à son neveu, et par conséquent Louis XVII a cessé de vivre.

et une forte armée; il s'est présenté devant ses ennemis qui étaient les alliés du Roi. Qu'est-il arrivé? Presqu'aussitôt, il s'est trouvé dans une telle défaite, qu'il a été sans ressources, sans asile, sans amis, et rejeté de ses prétendus sujets. Le Roi est encore rentré dans ses États. Où sont les actions de graces qui ont été rendues à Dieu pour un miracle si éclatant? Le Roi, pendant tout ce récit, pleurait; je lui voyais couler les larmes sur les joues. *Je lui rappelle des particularités qui m'ont été annoncées de son exil*, et il m'a dit : — Gardez-en le secret, il n'y aura que Dieu, vous et moi qui saurons jamais cela (*). — Il m'a toujours été dit que je parviendrais à vous parler, et que je parviendrais à faire l'affaire qui m'avait été annoncée, et je vois bien qu'il ne m'a pas trompé (l'Ange), puisque me voilà aujourd'hui avec vous. Il m'a été dit que vous ne chancelleriez pas pour croire quand je vous dirais ces choses. — Non, je ne puis chanceler, puisque c'est la vérité. Ne vous a-t-il pas dit comment il fallait que je m'y prenne pour gouverner la France? — Non, il ne m'a fait aucune mention que de tout ce qui est dans les écrits; le Ministre a les écrits, comme les choses ont été annon-

---

(*) Nouvelle preuve de la non-existence de Louis XVII, qui n'a pu s'évader du Temple, et qui ne peut même exister encore, sans qu'il n'y ait eu et qu'il n'y ait des confidens de ce secret; tandis que Louis XVIII assure ici tout au contraire qu'il n'y aura que Dieu, Martin et lui qui sauront jamais ces *particularités du temps de son exil*, que vient de lui rappeler le bon villageois.

cées. — Ne vous a-t-il pas été dit que j'ai déja envoyé des ordonnances pour tout ce dont vous m'avez parlé ? — Non, on ne m'en a pas fait mention. Je me lève, et en me levant, j'ai dit au Roi : Il m'a été annoncé de vous dire que vous êtes trop bon, et que votre grande bonté vous conduirait à de grands malheurs : il m'a été dit aussi, que, puisque vous portiez le titre de Roi très Chrétien, car je ne sais pas, moi, si on vous appelle comme ça, il fallait vous efforcer de faire rentrer le peuple dans la Chrétienté (*). — Si toutefois il revient, vous lui demanderez comment il faudra que je m'y prenne pour gouverner. — Il m'a été dit qu'une fois que ma commission serait faite auprès du Roi, je ne verrais plus rien, et que je serais tranquille. — Rappelez-moi ce que vous avez vu le 26 mars ? — Comme je commençais à écrire à mon frère, la même apparition m'est apparue, et m'a dit les choses en ces termes : *Mon ami, je vous avais dit que je ne reviendrais plus vous voir, etc.* (comme il est écrit dans la lettre de Martin à son frère, page 46). Il était alors sur les

---

(*) Ceci peut servir à dissiper l'objection de quelques personnes chrétiennes, qui ont témoigné être peinées de ce que l'Ange n'avait point parlé une seule fois de J.-C. dans ses diverses apparitions. Mais peut-on être Roi très chrétien, et peut-on *entrer dans la* Chrétienté, si l'on ne croit en J.-C. ? Ces seules expressions ne nous font-elles pas sentir l'obligation qu'elles renferment d'être à J.-C.? Enfin a-t-on *une ferme croyance*, et pense-t-on pouvoir *pratiquer la religion telle qu'elle est annoncée* depuis les Apôtres, si cette même croyance n'a pas J.-C. pour objet, comme pour fondement?

sept à huit heures du matin; avant que de s'en aller, il m'a dit : *Je vous donne la paix, n'ayez aucun chagrin ni inquiétude* (*). — Je savais tout cela, mais je voulais l'entendre de vous. N'avez-vous rien vu depuis le 26 mars?—Si, le jeudi d'après, comme j'étais sur les cinq heures après midi dans le jardin, il s'est présenté devant moi, et m'a dit : *Pourquoi n'allez-vous pas à la visite?* Je lui ai dit : J'y vais, etc. (comme il est écrit ci-dessus, page 47).

« Le dimanche suivant, j'étais sur les deux ou trois heures de l'après-midi dans le jardin; il m'a apparu, et m'a dit : Il y aura encore des discussions sur cette affaire (et le reste comme ci-dessus, jusqu'à ces mots : Rendez témoignage de ce que vous avez vu et entendu, page 52).

« Le Roi écoutait tout cela en me regardant et sans me rien dire. Ici il m'a dit : C'est le même Ange qui conduisit le jeune Tobie à Ragès, et qui l'a fait marier; puis il m'a demandé laquelle de mes mains l'Ange avait serrée? j'ai répondu, celle-ci : en montrant la droite; Le Roi me l'a prise en me disant : Que je touche à la main que l'Ange a serrée : priez toujours pour moi. —Bien sûr, Sire, que moi et ma famille, ainsi que M. le Curé de Gallardon, avons toujours prié pour que l'affaire réussît. —Quel âge a-t-il, M. le Curé de Gallardon? Y a-t-il long-temps

(*) On lit dans les rapports des médecins au Ministre, que « quoique Martin eût été fort tranquille, il sentit depuis « ce moment un calme et une paix qu'il n'avait pas encore « éprouvés. »

qu'il est avec vous? — Il est à peu près dans les 60 ans; c'est un brave homme, il y a à peu près cinq à six ans qu'il est chez nous. — Je me recommande à vous, à lui et à toute votre famille. — Bien sûr, Sire, qu'il est bien à désirer que vous restiez; parce que si vous veniez à partir, ou qu'il vous arrive quelque malheur, nous ne risquerions rien aussi nous autres de nous en aller, parce qu'il y a aussi de mauvaises gens dans notre pays : il n'en manque pas.

« Ici j'ai répété au Roi ce que je lui avais dit au sujet des Dimanches et Fêtes, et des désordres, etc. (voyez à ce sujet les différentes apparitions), et je lui ai dit que c'était là LE PRINCIPAL; et le Roi m'a répondu : Je ferai en sorte d'y remédier. J'ai salué le Roi en lui disant : Je vous souhaite une bonne santé. Il m'a été dit : Qu'une fois ma commission faite auprès du Roi, je vous demande la permission de m'en retourner au centre de ma famille, comme il m'a été annoncé que vous ne me refuseriez pas. — Puisque vous avez été obéissant jusqu'à présent, je ne veux pas vous rendre désobéissant; j'ai donné des ordres pour vous renvoyer. — Il m'a toujours été annoncé qu'il ne m'arriverait aucune peine ni aucun mal. — Il ne vous en arrivera pas non plus (*): vous vous en retournerez demain; le Ministre va vous donner à sou-

(*) Cette promesse n'a pu s'entendre, qu'autant qu'il était alors au pouvoir du Roi d'empêcher qu'on ne fît de mal à ce brave homme, et c'est ainsi que Martin lui-même l'entendait, lorsqu'il témoignait ses craintes qu'il n'arrivât quelque malheur à Louis XVIII.

per et à coucher, et des papiers pour vous en retourner. — Mais je serais content si je retournais à Charenton pour leur dire adieu, et pour prendre une chemise que j'ai laissée. — Cela ne vous a-t-il pas fait de la peine d'être à Charenton? Y avez-vous été bien? — Pas du tout de peine; et bien sûr que si je n'y avais pas été bien je ne demanderais pas à y retourner. — Eh bien! puisque vous désirez y retourner, le Ministre vous y fera conduire de ma part.

« Je suis retourné rejoindre mon conducteur qui m'attendait, et nous avons été ensemble à l'hôtel du Ministre (*). » *Suivent les certificats* (**).

« Après avoir lu avec attention l'article ci-dessus et des autres parts, j'ai reconnu que le tout était véritablement conforme à tout ce que j'ai vu et entendu, et rapporté à différentes fois et à toutes les

---

(*) *Extrait d'une lettre à un ami, écrite par le Directeur de l'hospice de Charenton, qui a vu Martin le soir même de son entretien avec le Roi.*

2 avril 1816.

« Tout est terminé d'aujourd'hui, la conviction est entière, et la scène arrosée de larmes. *La mission* est complètement remplie, et comme elle devait l'être..... Le bonhomme part demain pour son pays, la paix et la tranquillité dans l'ame comme toujours, mais plein d'amour et de vénération pour celui qu'il ne connaissait pas auparavant. Adieu, je vous embrasse, etc. »

(**) Ces certificats ont trait à cette dernière relation, et à un abrégé de ce qui précède, concernant les évènemens arrivés à Thomas Martin depuis le 15 janvier.

personnes dénommées, d'après les déclarations que Martin m'en a faites, depuis le 15 janvier 1816.

En foi de quoi j'ai signé, le 13 mai 1816.

Signé, LA PERRUQUE, Curé de Gallardon. »

« J'ai lu attentivement avec M. le Curé, qui m'a aidé, toutes les pages de cet écrit, et j'ai reconnu que tout était bien véritable, comme je l'ai vu et entendu, et éprouvé à toutes les fois ; il y a même moins que plus.

Fait à Gallardon, le 13 mai 1816.

Signé, Thomas MARTIN.

Pour copie conforme,

Signé, le Comte de BRETEUIL. »

Martin, suivant la permission qu'il en avait obtenue de Sa Majesté, est retourné à Charenton, où il a passé la nuit. Il a fait ses adieux et témoigné toute sa reconnaissance à M. le directeur de la Maison de santé, lequel a eu toutes les peines du monde à lui faire accepter 25 francs pour son voyage.

Le lendemain matin, 3 avril, il est venu à Paris, chez le médecin en chef de l'hospice de Charenton ; et, dans cette circonstance, il s'est montré tout aussi simple, tout aussi naïf qu'avant d'avoir vu le Roi ; il n'a pas cherché à s'en faire valoir.

De chez M. Royer-Collard, Martin s'est rendu chez le Ministre, qui lui a fait délivrer ses papiers, et l'a forcé de recevoir une gratification de la part du Roi (200 francs) : Martin refusait de l'accepter, mais le

Ministre lui ayant dit qu'on ne pouvait en aucune sorte refuser un don de Sa Majesté, il s'est rendu à cette raison.

Le 6 avril, Martin est venu à Chartres, et s'est présenté à M. le Préfet; il paraît qu'il avait une lettre de M. le Curé de Gallardon, qui témoignait que cette affaire ne pouvait plus être désormais regardée autrement que comme miraculeuse.

Martin a raconté à M. le Préfet, avec autant de naïveté que de sincérité, ses apparitions et toutes les circonstances de son voyage de Paris, sa conduite au Ministère de la Police, à la Maison de Charenton, sa comparution devant Sa Majesté, et tout ce qui s'en est suivi.

M. le Préfet a recommandé à Martin la plus grande discrétion (*); et celui-ci de son côté, après lui avoir fait son rapport, a ajouté qu'il ne pouvait lui en dire davantage; que les particularités qu'il avait révélées au Roi, étaient un secret qu'il avait refusé de faire connaître au Ministre, et que rien au monde ne les lui ferait divulguer, d'après la promesse qu'il en avait faite à Sa Majesté.

(*) Martin, comme l'ont observé des personnes judicieuses, n'a pas cru être obligé de garder le secret sur tout ce qui s'était dit et passé entre le Roi et lui, mais seulement quant au seul article au sujet duquel le Roi lui a dit : *Gardez-en le secret, il n'y aura que Dieu, vous et moi qui saurons jamais cela.* C'est ainsi qu'il a observé le double précepte contenu dans les paroles de l'Archange Raphaël : *Il est bon de garder le secret du Roi, mais il est honorable de révéler et de publier les œuvres de Dieu.* (Tobie, 12, 7.)

Ce brave homme, après cette dernière visite, a repris ses travaux ordinaires et sa vie simple et champêtre; évitant de parler indiscrètement de ce qui lui est arrivé; et s'étant défait adroitement des curieux du pays qui sont venus le questionner : Quand vous avez des affaires, leur dit-il, n'allez-vous pas les faire? eh bien, j'ai été de même faire les miennes.

L'on a appris, par une voie certaine, que le Roi est convenu que Martin lui avait dit des choses cachées qui n'étaient connues que de Dieu et de lui, et qu'il a témoigné que Martin n'était ni fou ni aliéné.

Enfin, M. de Breteuil, Préfet d'Eure-et-Loir, a déclaré pour ce qui le regarde : Que Martin s'est toujours expliqué dans les mêmes termes, avec beaucoup de netteté et de simplicité; il n'a cessé de montrer à Chartres comme à Paris, une confiance et une tranquillité imperturbables, s'exprimant sans timidité, mais toujours avec respect, et surtout avec l'air de la vérité.

RÉPONSE ET ÉCLAIRCISSEMENT

Au sujet d'une observation qui a été faite sur quelques mots de la relation précédente.

Dans ces mots qu'on lit page 64 : *Il m'a été dit que vous êtes trop bon, et que votre grande bonté vous conduirait à de grands malheurs;* quelques personnes ont cru voir l'expression d'une flatterie peu convenable, de la part d'un homme dont le témoignage est fait pour établir qu'un esprit d'un ordre supérieur a parlé au Roi par sa bouche.

La réponse à cette observation est que sous une forme de langage adouci qui pouvait convenir à la circonstance, cette grande bonté qui fait le sujet d'un juste reproche contre Louis XVIII, doit s'entendre évidemment d'une grande faiblesse, l'on peut même dire d'une sorte d'indifférence pour accomplir tout ce que l'Ange avait prescrit et ordonné par la bouche d'un simple villageois, comme le PRINCIPAL objet de sa mission. Ce qui vient à l'appui de cette explication, est que cette grande faiblesse a conduit par degrés Louis XVIII et son successeur avec toute sa dynastie, jusqu'aux grands et derniers malheurs que l'envoyé céleste lui avait fait prédire. Et d'abord quel égard a-t-on eu pour les ordres qu'il venait de signifier? Ces ordres, dans ce qui touche de plus près à la religion, portaient sur trois points capitaux, et si importans pour tout le royaume, que l'Ange faisait dépendre de leur observation le salut du Roi et du peuple. Cependant chacun de ces trois points a été négligé avec le plus coupable mépris.

En premier lieu, le saint jour du Seigneur n'a pas moins été méconnu, ni moins profané qu'auparavant. Les travaux publics ont continué les dimanches, surtout de la part du Gouvernement, avec un scandale inoui, depuis la Restauration.

Quant au second point, *les désordres qui se commettent dans les jours qui précèdent la sainte qua-*

tantaine, loin d'être *abolis et anéantis* (V. page 10), ont recommencé d'année en année d'une manière peut-être encore plus scandaleuse. Quel homme néanmoins n'aurait dû être saisi d'une frayeur salutaire, en apprenant que le duc de Berry, le soutien, l'héritier du trône, et l'unique espoir de sa dynastie, venait d'être soudain assassiné, un jour même de dimanche, à la porte de l'Opéra, et au milieu des scènes et des folies du Carnaval ! Une circonstance encore plus remarquable, et dont le récit fait frémir, est que dans une salle attenant le théâtre, on fut obligé de tenir couché l'infortuné duc de Berry, qui ne pouvait plus être transporté. D'où il arriva que, dans cette salle, d'un côté s'offrait, sur un lit funèbre, le spectacle de l'agonie du prince assassiné, qui perdait sa vie avec tout son sang, et faisait entendre douloureusement ses derniers soupirs, de l'autre retentissaient les chants de l'amour profane, en même temps que de la même salle on pouvait distinguer un chœur d'actrices sans pudeur, exécutant sur le théâtre leurs danses licencieuses, au son et aux accords d'une musique efféminée.

Qui ne voit, dans ce coup si subit et si imprévu, une première et bien forte leçon, ou, pour mieux dire, un premier châtiment infligé, dans sa propre famille, au Roi Louis XVIII, qui tout aussitôt appelé pour être témoin d'un si cruel spectacle, vit expirant, sous ses yeux mêmes, un neveu dont la perte ruinait ses plus chères espérances !

La mort de ce jeune prince frappé à l'improviste,

et au milieu de pareilles circonstances, ne toucha vraiment et ne convertit que très peu de cœurs. Et cependant qu'y avait-il de plus propre à faire rentrer en eux-mêmes les impies et les incrédules, que l'information juridique par laquelle il fut ensuite constaté que le monstre coupable d'un tel assassinat était un athée endurci, au point d'oser dire devant ses juges mêmes que *Dieu n'était qu'un mot*.. Horrible parole, digne du fanatisme des enfans de Bélial (*). Mais si ce crime affreux interrompit pour quelques jours les folies d'un temps de licence, on n'en vit pas moins les années suivantes les anciens désordres reparaître, et dans ces mêmes jours de carnaval qui furent si funestes pour la dynastie de Louis XVIII.

Enfin, pour ce qui est du troisième point recommandé, au lieu que l'envoyé du ciel avait fait avertir le roi qu'il *fît ordonner des prières publiques pour la conversion du peuple*, parce que rien n'était plus urgent que de *l'exciter à la pénitence ;* les amis de la religion ont eu la douleur de voir au contraire l'incrédulité étendre ses ravages, suivant l'esprit de prosélytisme de son comité directeur, avec une fureur toute nouvelle, et plus impunément que jamais, par l'insouciance d'un roi philosophe. Un déluge effroyable de livres impies et licencieux n'a cessé d'inonder nos villes et nos

(*) Les enfans de Bélial sont des hommes qui ne veulent souffrir le joug d'aucun gouvernement, encore moins celui de la religion.

campagnes sous le gouvernement de Louis XVIII, et jusqu'aux derniers mois du règne de Charles X. Bien plus, ce qui n'est pas moins exécrable, on a porté le venin chez les autres nations, et dans les contrées de l'Europe les plus reculées (*). Faut-il donc s'étonner qu'après un tel mépris des avertissemens du ciel, les malheurs prédits soient en premier lieu tombés sur le chef de l'État, qui a paru, surtout vers la fin de son règne, livré à *cet esprit de vertige et d'erreur, de la chute des rois funeste avant coureur.* Qu'il y a lieu de craindre que le même esprit n'entraîne également la chute de notre nation !

Puisse au moins le peuple français, à qui cette dernière et terrible leçon vient d'être encore donnée en la personne d'un roi tout-à-coup tombé de son trône, revenir au Dieu de ses pères par une conversion générale et publique. C'est le seul vrai moyen de prévenir les grands malheurs qui restent à accomplir, qui nous regardent personnellement et nous menacent tous sans distinction, qui enfin nous sont annoncés comme *étant à la porte*, et prêts à éclater sur notre nation, sur la France entière.

(*) Nous tenons d'un homme respectable et bien instruit par ses relations avec les hautes sociétés, que l'empereur de Russie, deux années environ avant la fin du règne de Charles X, avait fait porter ses plaintes au gouvernement français sur ces collections de livres corrupteurs et impies, dont on expédiait des cargaisons pour en infester ses états.

PIÈCE JUSTIFICATIVE.

MAISON ROYALE DE CHARENTON.

Questions proposées sur le sieur THOMAS-IGNACE MARTIN, *par* M. Royer-Collard, *Médecin en chef de la Maison de Charenton, et spécialement chargé, par son Excellence le Ministre de la Police générale, de le traiter.*

QUESTIONS.	RÉPONSES DE M. LE CURÉ.	RÉPONSES DE M. LE MAIRE.
1re.	1re.	1re.
A-t-on connaissance qu'il ait existé dans la famille du sieur Martin, soit parmi ses aïeux directs, soit même parmi ses ascendans latéraux, une ou plusieurs personnes qui aient été aliénées, et qui aient eu seulement une imagination ardente ou un caractère bizarre? L'apoplexie, la paralysie, et en général les affections nerveuses ont-elles été observées plus ou moins fréquemment dans cette famille?	*Nota.* La plupart des réponses que j'ai à faire ici ne seront que des redites des notices, indications et certificats que j'ai fournis depuis le 28 janvier à Mgr l'évêque de Versailles, à M. le préfet d'Eure-et-Loir, et à S. Exc. Mgr le Ministre. La famille Martin, tant du côté paternel que maternel, est une des plus anciennes de Gallardon. On n'a jamais connu personne de cette famille attaqué des affections physiques ici demandées. On les a toujours connus pour tranquilles, sobres et honnêtes.	La famille Martin est connue de temps immémorial dans Gallardon; et jamais on n'a entendu dire que qui ce soit de cette famille ait été affecté des affections ci-contre. De même la famille Ridet, côté maternel de Martin.
2.	2.	2.
A-t-on remarqué chez lui quelque chose d'extraordinaire avant le mois de janvier dernier?	Avant le mois de janvier dernier, il était à l'extérieur d'un caractère uni, et ses démarches y répondaient.	Qui que ce soit ne s'est aperçu de rien d'extraordinaire avant l'époque contre-citée.

QUESTIONS.	RÉPONSES DE M. LE CURÉ.	RÉPONSES DE M. LE MAIRE.
3.	3.	3.
A-t-il donné à une époque quelconque des signes d'aliénation, même passagère?	On ne s'est jamais aperçu d'aucunes marques d'aliénation en lui, même passagère.	Jamais Martin n'a donné les plus petits signes d'aliénation, même passagère.
4.	4.	4.
A-t-on eu occasion d'observer chez lui ou une grande susceptibilité nerveuse, ou une imagination prompte à s'exalter à la moindre impression?	Son imagination paisible lui faisait prendre tranquillement tous les évènemens.	Martin a toujours été d'un caractère uni, paisible et tranquille.
5.	5.	5.
S'est-on aperçu que le sang lui portât facilement à la tête, et que, dans certaines circonstances, son visage devînt rouge, et ses yeux enflammés?	Jamais il n'a paru incommodé du sang, son visage et ses yeux ne m'en ont jamais donné aucun indice; il n'a jamais été traité pour aucune maladie par aucun médecin ni chirurgien.	Il n'a jamais éprouvé aucune incommodité causée par le sang; son visage et ses yeux n'ont jamais changé.
6.	6.	6.
A-t-on jamais remarqué chez lui quelques légères atteintes, ou même menaces d'apoplexie, telles que des vertiges, des tournoiemens, une tête lourde et embarrassée?	Il ne s'est jamais douté d'aucune de ces impressions.	On n'a jamais vu aucune marque semblable en lui.

QUESTIONS.	RÉPONSES DE M. LE CURÉ.	RÉPONSES DE M. LE MAIRE.
7. Quel est son caractère? Est-il doux, simple, tranquille, modéré, ou bien emporté, violent, bizarre et dissimulé ?	7. Il est non-seulement doux, simple et modéré, mais il excelle en tous endroits : on ne croit pas qu'il sache ce que c'est que colère ou emportement ; il ne connaît pas davantage la dissimulation.	7. Le caractère de Martin a toujours été très doux, tranquille, simple et droit : il n'a jamais fait voir ni colère, ni emportement, ni violence.
8. Quelle a été sa conduite relativement aux affaires politiques? S'en est-il beaucoup occupé? A-t-il pris parti pour ou contre la révolution et les révolutionnaires? A-t-il mis de la chaleur dans ces sortes de discussions? Les évènemens de 1814, et ceux de 1815 en particulier, ont-ils fait sur lui une forte impression? Comment a-t-il appris le retour de Buonaparte au 20 mars? et la deuxième rentrée du Roi, au mois de juillet suivant, lui a-t-elle causé une joie bien vive ?	8. Les affaires politiques ne l'ont jamais occupé ; il a été contre la révolution, parce qu'il croyait qu'elle faisait beaucoup de mal ; il a été en butte à la haine des révolutionnaires; il n'est jamais entré dans leurs discussions ; il n'a jamais été bien aise du retour de Buonaparte, mais sans agitation ; il s'est réjoui, mais sans émotion, du retour du Roi, et, depuis le mois de juillet, est content de la situation présente de l'État; mais il ne le manifeste pas d'une manière marquée.	8. Il ne s'est jamais mêlé d'affaires politiques : la révolution a toujours semblé lui déplaire, surtout par rapport aux désordres qu'elle a causés, auxquels il n'a jamais pris part. Il a été tranquille dans les évènemens contre-cités, de même qu'au 20 mars, rentrée de Buonaparte ; semblait cependant fâché de la sortie du Roi ; il a pris aussi tranquillement la rentrée du Roi au mois de juillet, s'en est réjoui, mais sans apparat.
9. A-t-il été habituellement religieux? Est-il instruit passa-	9. Il a toujours eu un fond de religion ; il en remplit les devoirs	9. Martin a été reconnu, dans la paroisse, pour s'acquitter exactement

QUESTIONS.	RÉPONSES DE M. LE CURÉ.	RÉPONSES DE M. LE MAIRE.
blement de sa religion? En remplissait-il exactement les devoirs avant le mois de janvier dernier? Y mettait-il du zèle et de la chaleur? Avait-il une dévotion ardente et outrée? S'occupait-il beaucoup de matières religieuses? Faisait-il des lectures? Voyait-il des personnes propres à l'exalter sous ce rapport? En parlait-il souvent dans les conversations, et comment?	ponctuellement, mais sans s'en prévaloir; il ne s'en occupe qu'à l'église, aux heures d'office public, dans les livres d'office, les seuls livres qu'il ait, parce qu'il n'est pas lecteur. Il ne parle jamais contre ceux qui n'ont pas de religion; enfin il n'a rien d'exalté en cette matière; je ne le voyais même jamais en particulier. Quand je le rencontrais dans les champs, à son ouvrage, je lui demandais, comme c'est assez ma coutume envers tous les autres: Comment va l'ouvrage? Il me répondait d'une manière aisée: « M. le « Curé, vous êtes bien « honnête; cela va « bien. » Martin connaissait bien ces deux commandemens de l'Eglise: *Tous tes péchés confesseras, etc.* *Ton Créateur tu recevras, etc.* Il était exact à les accomplir; mais si exact, si littéralement exact, que je ne le voyais qu'une fois par an.	de ses devoirs de religion, mais sans emphase et sans prétention. Il n'est point lecteur; il n'a que des livres d'Eglise.

QUESTIONS.	RÉPONSES DE M. LE CURÉ.	RÉPONSES DE M. LE MAIRE.
10.	10.	10.
A-t-on remarqué qu'il eût l'esprit faible et facile à ébranler? Lui faisait-on croire facilement des choses extraordinaires? Sait-on si dans sa jeunesse on lui a fait des contes de sorciers ou de revenans, et s'il en avait conservé l'impression? Sait-on aussi s'il avait eu occasion d'entendre parler de prédictions ou d'annonces relatives aux temps actuels, et s'il en avait été frappé?	Tout simple qu'il est dans sa conduite et dans son intérieur, je ne crois point qu'il soit facile à ébranler. Il est capable de soutenir sa pointe, quand il est attaqué à tort. On ne s'est jamais occupé dans sa maison de contes de sorciers ou de revenans. Je crois que si on lui en parlait, il les mépriserait. Il ne connaît pas les prédictions. En général, je ne crois pas que rien de semblable l'ait jamais frappé.	Il n'a jamais passé pour esprit faible ni porté à croire des choses extraordinaires. Les contes de sorciers et de revenans n'ont jamais été d'usage dans ce pays. Il ne sait pas ce que c'est que prédictions.
11.	11.	11.
Enfin, a-t-on remarqué dans tout l'ensemble de sa vie physique et morale quelque chose qui ait pu le disposer aux accidens qu'il a éprouvés, ou influer sur leur production?	Je n'ai connaissance d'aucune cause qui ait produit en lui les sensations qu'il a éprouvées depuis le 15 janvier dernier. J'ai ri (1) des premiers rapports qu'il m'en a faits. Je me suis appliqué à lui en détourner l'imagination. Ce n'est qu'après deux semaines de nouveaux retours que je me suis déterminé, d'après ses demandes réitérées, à l'envoyer à Mgr l'Evêque de Versailles.	On n'a jamais rien remarqué d'extraordinaire dans la vie de Martin, uniquement occupé de ses travaux de labour, ne fréquentant jamais les cabarets ni les lieux de jeux. Ce que je certifie véritable dans tout son contenu, ce 21 mars 1816. *Signé* GEORGES, Maire de Gallardon.

(1) Un manuscrit authentique porte : *Je n'ai ri.*

QUESTIONS.	RÉPONSES DE M. LE CURÉ.	RÉPONSES DE M. LE MAIRE.
	Je certifie tout l'énoncé ci-dessus et des autres parts, véritable, selon les connaissances que je me suis procurées sur les lieux. Ce 20 mars 1816. *Signé* LA PERRUQUE, Curé de Gallardon.	

Pour copie conforme :
Le Préfet d'Eure-et-Loir,
Signé, le comte de BRETEUIL.

Après ces témoignages authentiques sur la personne du sieur Martin, nous croyons devoir consigner ici un fait nouveau, qui fera voir avec quel désintéressement ce brave homme se conduit encore maintenant, par rapport à tout ce qui lui est arrivé. Au commencement de janvier dernier (1817), une personne de considération qui connaissait la médiocrité de son état, sachant de plus que sa femme était enceinte d'un cinquième enfant depuis son retour à Gallardon, lui a fait proposer cent cinquante francs pour subvenir à cette circonstance. L'offre en a été faite par un tiers au sieur Martin ; mais il a répondu ingénument : « Ce ne peut toujours être qu'à cause « des choses qui me sont arrivées qu'on m'offre de « l'argent, car, sans cela, on ne parlerait pas de « moi, on ne me connaîtrait même pas ; mais comme

« la chose ne vient pas de moi, je n'en dois pas re-
« cevoir pour cela : ainsi vous remercierez bien
« cette personne ; car, quoique je ne sois pas riche,
« je n'en veux rien recevoir. » On peut compter sur la certitude de ce fait, qu'on tient de celui-même qui s'était chargé de faire cette offre au sieur Martin.

PREMIÈRES OBSERVATIONS(*).

Sur la personne du sieur MARTIN, et sur ce qu'il a rapporté des évènemens qui lui sont arrivés.

Après avoir lu l'exposé des faits concernant Thomas-Ignace Martin, « la première question qui se présente à l'esprit, est de savoir si les faits dont il s'agit sont réels ou s'ils sont supposés, ou, en d'autres termes, si Martin a véritablement éprouvé les sensations dont il rend compte, ou si toute son histoire n'est qu'un long songe, dont les parties ont été combinées et préparées d'avance avec plus ou moins d'habileté. Dans le premier cas, Martin est sincère ; dans le second, c'est un imposteur.

(*) Ces premières observations sont tirées mot pour mot, jusqu'à la page 90, du rapport des médecins MM. Pinel et Royer-Collard, dont l'auteur de cette Relation certifie avoir vu l'original signé d'eux, et que M. Royer-Collard lui a communiqué.

« Nous allons d'abord discuter ce premier point. Si Martin est un imposteur, il ne peut l'avoir été que de deux manières : ou en imaginant seul son rôle et en l'exécutant sans aucune assistance étrangère ; ou en obéissant à l'influence d'autres personnes plus éclairées que lui, et en recevant leurs conseils et leurs instructions. Examinons successivement ces deux hypothèses.

« 1.° Pour qu'un homme puisse former et conduire à la fois un plan aussi compliqué que celui de Martin, il faut nécessairement lui accorder un esprit capable d'en embrasser toute l'étendue et d'en prévoir toutes les difficultés ; une connaissance parfaite des moyens à employer pour le faire réussir ; une imagination hardie et féconde pour trouver ces moyens et en créer au besoin ; une grande habitude de vivre avec les hommes pour les deviner à propos, et ne point se laisser surprendre par eux ; un art de dissimuler que cette grande et longue habitude ait perfectionné, une présence d'esprit qui ne se déconcerte jamais. Il faut enfin lui supposer un intérêt d'ambition dans une entreprise dont les hasards égaleraient au moins les charmes du succès. Or, rien de tout cela ne se trouve chez Martin : c'est un homme qui a du sens et un esprit droit ; mais cet esprit est en même temps médiocre et de peu d'étendue ; il n'a aucune espèce de culture, il ne s'est exercé que sur des objets matériels et exclusivement relatifs aux travaux des champs. Martin, élevé dans son village, n'était jamais sorti ; aucune circonstance ne l'a jeté au milieu des agitations de la ville et des affaires. Il n'a point été à portée de connaître le jeu des passions, d'observer l'activité des intrigues, d'étudier les ressources et le manège des intrigans. Il ne sait ce que c'est que de feindre; et comme il n'en a jamais eu besoin, il n'en a jamais contracté l'habitude; aucune ambition ne s'est montrée chez lui; uniquement occupé de sa femme, de ses enfans et du soin de ses affaires, il n'a pas songé un seul instant à sortir des limites de sa condition, ni même à s'élever d'une manière notable au-dessus de ses voisins et de ses égaux. Ce n'est pas ainsi que se montrent les fourbes qui veulent tenter une grande entreprise; ils ont de l'adresse, de l'habitude, de l'audace, et ils en ont donné souvent des preuves; ils sont doués d'une partie au moins des qualités nécessaires pour concevoir et combiner leur plan; et quand on se reporte sur leur conduite antérieure, on y trouve tous les motifs et tous les élémens de leur conduite subséquente. Martin était l'homme du monde le moins propre à former un projet tel que le sien, et à en lier aussi adroitement toutes les parties; il n'avait point les connaissances religieuses et politiques que ce projet suppose, et jamais il n'eut pu composer à lui seul les discours qu'il assure lui avoir été adressés; mais en supposant même, contre toute probabilité, qu'il eût été capable de concevoir un pareil plan, son habileté eût échoué à la première difficulté d'exécution. Qu'on se le figure, dans cette hypothèse, aux prises avec les diverses personnes qui l'ont interrogé; qu'on oppose son inexpérience à leur pénétration, son ignorance à l'artifice de leurs questions, sa timidité à l'impression du respect que fait toujours naître l'exercice de l'autorité, et que l'on se demande s'il n'aurait pas dû vingt fois se déconcerter et se laisser prendre aux pièges qui lui auraient été tendus. Ajoutons que, s'il n'eût été qu'un fourbe adroit, il eût infailliblement cherché à faire tourner cette fourberie à son profit, en s'en faisant un moyen de fortune ou de crédit. Or, il n'a pas cherché un seul instant à se prévaloir des choses extraordinaires qui se passaient en lui, il ne les a point publiées, il n'en a tiré aucun avantage; il n'a pas même voulu recevoir une petite somme d'argent qu'on lui offrait pour son voyage; il n'a jamais travaillé à se faire des partisans; et enfin il est retourné dans son village, aussi simple et avec aussi peu de prétention qu'auparavant : a-t-on jamais vu des fourbes aussi désintéressés.

« Il est donc impossible que Martin ait à lui seul imaginé et exécuté le rôle que nous lui avons vu jouer avec tant de suite et de persévérance.

« 2°. Mais s'il ne l'a pas imaginé et exécuté seul, n'a-t-il pas été guidé dans cette entreprise par des conseils étrangers ? N'a-t-il pas obéi à une impulsion supérieure ? En un mot, ne s'est-il pas rendu l'instrument d'hommes plus habiles que lui, et qui avaient leurs raisons secrètes dans cette affaire ?

« Pour admettre cette seconde hypothèse, il faut admettre aussi qu'un certain nombre d'hommes attachés à quelque parti politique ou religieux, et connaissant Martin directement ou indirectement, auraient entretenu des relations assidues avec lui, quelque temps avant le 15 janvier, et auraient ensuite continué ces relations, non-seulement depuis le 15 janvier jusqu'à l'époque de la translation de Martin à Paris; mais à Paris même pendant le séjour qu'il y a fait, et jusque à Charenton, pendant les trois semaines qu'il y a passées. Ces communications habituelles eussent été indispensables, d'abord pour apprendre à Martin ce qu'il avait à faire et le bien pénétrer de l'esprit de son rôle, ensuite pour le diriger dans l'exécution de ce rôle, lui dicter ses réponses, le tirer d'embarras dans l'occasion, et lui donner de nouvelles instructions à mesure que des incidens imprévus auraient fait naître de nouvelles difficultés. Sans ces précautions, Martin, abandonné à lui-même, ou n'obéissant tout au plus qu'à des directions vagues et insuffisantes, n'aurait jamais pu échapper aux écueils qui l'environnaient; avec un peu d'adresse et de fermeté, rien n'eût été plus facile que de le troubler et de surprendre son secret; mais si des communications de ce genre avaient effectivement eu lieu; en examinant les choses de près, on en eût infailliblement trouvé quelques indices ou quelques traces, et c'est à quoi il a été impossible de réussir j'usqu'à présent.

« Antérieurement au 15 janvier, Martin n'a fréquenté que sa famille ou les gens de son village; on ne lui a jamais connu aucune liaison ni aucune habitude avec des personnes d'une classe plus élevée, et par conséquent il n'en avait pas : car dans un village, rien ne demeure secret; chacun sait ce que fait son voisin. Depuis le 15 janvier, jusqu'à l'époque de sa translation à Paris, les rapports les plus authentiques attestent qu'il n'a vu que son Curé, Monseigneur l'Evêque de Versailles, et M. le Préfet d'Eure-et-Loir ; et l'on sait au juste tout ce qui s'est passé entre eux et Martin. Dans le trajet de Gallardon à Paris, et pendant le séjour qu'il a fait dans cette ville, il a été accompagné d'un officier de gendarmerie, qui ne l'a quitté ni le jour ni la nuit, et qui affirme qu'à l'exception de M. Pinel, qui que ce soit n'a eu d'entretien avec lui. Quant à Charenton, nous certifions qu'il n'y a eu que trois étrangers ; que de ces trois étrangers, l'un était le commandant de la place, et les deux autres des personnes discrètes et incapables de devenir l'instrument d'une fourberie ; que tous les trois n'ont eu de communication avec Martin, qu'en présence de M. le Directeur, et qu'ils se sont rigoureusement bornés à lui adresser quelques questions, sans lui faire aucune espèce d'insinuation.

« D'un autre côté, une observation continuelle et exercée par plusieurs personnes à la fois, nous a convaincu que, dans l'intérieur de la maison, Martin ne parlait de ses visions, ni aux malades, ni aux infirmes, ni aux jardiniers avec lesquels il travaillait, qu'il ne s'ouvrait sur ce point qu'à ceux qu'il regardait comme ses supérieurs, et seulement lorsqu'ils l'interrogeaient ; que d'ailleurs, aucune lettre, aucun avis, ne lui étaient parvenus de dehors : d'où l'on peut conclure avec certitude que, tout le temps qu'il y a passé, il n'a reçu aucune direction étrangère, et est demeuré exclusivement livré à ses propres inspirations.

« Une réflexion qui vient à l'appui de tous ces faits, et qui leur porte une nouvelle force, c'est que, dans les discours que rapporte Martin, dans les recommandations qui lui sont faites, dans les démarches qui lui sont prescrites, il est impossible de découvrir les traces d'un parti politique ou d'une secte de Religion quelconque : on n'y a en vue que les intérêts du Roi et ceux de la France; on n'y parle que le langage de la Religion la plus pure. Est-ce ainsi que se conduisent des sectaires ou des chefs de parti? et n'aperçoit-on pas à chaque instant, dans une œuvre dirigée et inspirée par eux, le but vers lequel ils tendraient?

« Il résulte évidemment de cette double discussion, que Martin n'est ni l'auteur unique, ni l'instrument aveugle d'une fourberie préparée et exécutée dans un dessein quelconque, et par conséquent qu'il n'est point un imposteur. »

D'après les observations que l'on vient de mettre sous les yeux, il est clair que tous ceux qui se refusent à croire à l'œuvre de Martin, à sa mission surnaturelle, ne sauraient prendre prétexte de la fourberie et de l'imposture. Leur unique ressource sera donc d'alléguer que cet homme a été le jouet de l'illusion des sens ou de l'imagination. A cet effet, on ne manquera pas de citer des exemples, de faire des rapprochemens, des comparaisons de son état avec d'autres états, qu'on prétendra semblables et analogues, surtout de se jeter dans le vaste champ des possibilités, en divaguant à perte de vue sur des causes occultes et impénétrables, méthode assez commode et très familière à l'incrédulité; mais il est facile de prouver que les vaines conjectures et ces prétendues possibilités répugnent ici à la raison comme à toutes les apparences.

Qui ne voit en effet, d'après les rigides informations qui ont été faites sur la personne de Martin, tant au physique qu'au moral qu'il serait impossible de choisir un homme mieux organisé que lui, pour n'être susceptible d'aucune exaltation quelconque, d'aucune illusion ou éblouissement d'esprit? Personne s'est-il montré plus calme, plus impassible dès sa première jeunesse, et au milieu de nos révolutions? Il l'était au point de ne jamais lire les journaux, comme l'ont attesté ceux qui l'ont connu particulièrement. Tel est l'homme qui a déposé avoir eu, durant plusieurs mois, des visions ou apparitions religieuses et surnaturelles. Il paraît encore certain que ni dans les jours qui ont précédé ces visions, ni à aucune époque de sa vie, Martin ne s'était occupé de ces sortes de matières, non plus que de toute autre capable de troubler son imagination. C'est ce que certifie, d'après les plus sûrs documens, l'auteur des observations précédentes, lequel nous allons suivre ici de nouveau.

« Martin, nous dit-il, remplissait simplement ses devoirs sans exagération, ou plutôt d'une manière tellement stricte, qu'il n'allait pas au-delà de la lettre du précepte. Il ne faisait aucunes lectures et n'avait aucunes conversations propres à concentrer son attention sur ce point. Tous ses livres se bornaient à quelques livres d'office, et son curé, seule personne qui eût pu l'entretenir d'objets religieux, ne le voyait qu'une fois par an. Les matières politiques auxquelles ses visions ont aussi quelques rapports, ne l'ont pas plus occupé que les matières religieuses. Encore enfant à l'époque où commencèrent nos troubles révolutionnaires, il les avait traversés sans s'en mêler en aucune manière, sans épouser les intérêts ni les opinions d'aucun parti, mais s'y soumettant avec résignation, désirant un état de choses meilleur, mais l'attendant avec calme et patience. C'est dans cette situation paisible d'esprit, qu'au 15 janvier 1816, Martin a eu sa première apparition, phénomène nouveau pour lui s'il en fut jamais, phénomène auquel il était loin de s'attendre, et qui cependant n'a troublé ni sa raison ni ses autres facultés. Ce qui mérite surtout une attention particulière, c'est qu'aucune exaltation ne s'est fait apercevoir chez Martin, depuis la première de ses apparitions jusqu'à la dernière : il a été constamment le même, c'est-à-dire, tranquille, immobile, sans aucune préoccupation apparente. A la vérité, il n'a pas gardé le silence sur ses visions, mais il n'en a fait part qu'à ses supérieurs, et en cela même, il a obéi, non à un mouvement impétueux et irréfléchi, mais au sentiment de ce qu'il croyait être son devoir. Toutes les fois qu'il a rendu compte de ce qu'il éprouvait, il l'a fait avec simplicité, sans exagération, sans chaleur, ne cherchant point à en tirer avantage, et parlant de lui comme s'il eût été question d'un étranger. Tant qu'il est resté chez lui, il ne s'est pas détourné un seul instant de ses occupations ordinaires; il les a reprises aussitôt après y être rentré; et, pendant le temps qu'il a passé à Charenton, il s'est habituellement livré au travail du jardin, ne craignant rien tant que la solitude et l'oisiveté. Certes, une pareille conduite ne ressemble guère à celle des visionnaires ordinaires. D'ailleurs, nulle disparate, nulle bigarrure, nulle idée extravagante dans ses visions. Qu'on admette avec lui la vérité du personnage qui lui apparaît, alors tout devient régulier dans son histoire; tous les évènemens s'y enchaînent naturellement; tous les discours y sont raisonnables et même conformes aux maximes de la Religion la plus épurée. . . . . . .

« Ce qui caractérise (encore) essentiellement les sensations éprouvées par Martin, c'est qu'elles ont existé dans un état de simplicité parfaite, c'est-à-dire, qu'elles ont été complètement dégagées de toute autre altération des facultés intellectuelles et affections, même dans le degré le plus léger; car non-seulement on n'a observé chez lui aucun vestige de délire, mais on n'y a point remarqué la moindre exaltation d'imagination au milieu des circonstances les plus propres à la produire. Quant à son physique, loin d'y distinguer aucune ombre de changement, les médecins ont reconnu qu'il était impossible de jouir d'une santé meilleure, et cet état s'est soutenu jusqu'à la fin, sans présenter aucune altération. »

Ainsi parle l'auteur, disons mieux l'observateur le plus digne de foi, nous laissant à conclure, d'après son exposé, qu'il n'y a nulle raison, nul prétexte à prétendre ou à supposer comme une chose possible, que Martin ait été le jouet de l'illusion de ses sens ou de son imagination. En effet, comme le témoigne le Journal général de France, du 20 janvier 1817, il résulte du rapport de MM. P.... et R.... C...., *que la science de la médecine ne fournit pas à ces deux savans docteurs de moyen d'expliquer un phénomène* aussi extraordinaire que celui des évènemens qui sont arrivés au bon villageois. Mais, dans une œuvre si digne d'attention, ne nous arrêtons pas avec les maîtres de l'art à ces premières observations, et portons plus loin le raisonnement. Il faut démontrer, par les preuves les plus fortes, les plus sensibles, que cet évènement offre des caractères tellement surnaturels, qu'on ne peut l'attribuer à des causes ordinaires, ni l'assimiler, sous ce rapport, à aucun autre du même genre.

C'est un point reconnu que Martin, sans avoir communiqué avec personne, a plusieurs fois annoncé des faits à venir ou secrets, soit par rapport à lui, soit même par rapport à Sa Majesté, quoique ces faits aient été dépendans de la libre volonté d'autrui; il n'est pas moins constant que la vérité s'est trouvée toujours parfaitement conforme à chacune de ses annonces. Les preuves en sont incontestables, tant par le témoignage et le rapport des médecins, que par d'autres témoins intègres, irréprochables, qui ont fréquenté Martin, ou l'ont surveillé des semaines entières, et enfin par des lettres et écrits déposés, dont les dates font foi dans cette affaire.

Qu'on suppose, si l'on veut, qu'il y a plus d'un exemple de pareilles prévisions, et que l'imagination peut aller jusqu'à ce degré ; le peut-elle fréquemment, et y a-t-il un seul exemple qu'elle l'ait fait d'une manière bien liée, bien suivie dans divers changemens de situation ou de circonstances, et cela sans jamais s'écarter de la vérité? C'est néanmoins ce qui est arrivé dans l'œuvre de Martin, dont voici des traits réunis, qu'on peut soutenir hardiment ne s'être jamais rencontrés dans aucune espèce semblable.

1° Martin a annoncé la visite prochaine d'un Docteur, et la cause de cette visite, avec des circonstances frappantes. Le soir du même jour, la visite a eu lieu comme il l'avait prédit. Une seconde visite du même Docteur lui a été pareillement annoncée.

2° Martin a découvert, comme l'ayant appris de son Ange, le sujet sur lequel M. André, son surveillant, venait de s'entretenir avec un ami sur son propre compte ; et il a rapporté une circonstance particulière de cette conversation, quoiqu'elle ait été tenue dans une langue étrangère où Martin ne comprenait rien.

3° Martin, sans avoir été averti par aucun homme que l'on sache, a déclaré et même écrit, trois jours avant qu'on l'eût fait, qu'on allait prendre dans son pays des informations sur son compte.

4° Martin a dit encore à M. André son surveillant, qu'il allait le conduire dans une maison où il serait détenu, tandis que lui, André, s'en retournerait dans son pays ; et cependant il est certain qu'aucun homme quelconque n'en avait averti Martin.

5° Martin a rapporté à M. Le Gros, surveillant de l'hospice de Charenton, une réponse de son Ange qui était conçue de manière à réprimer toute question étrangère au principal objet de sa mission. Cette réponse, qui a précédé la demande que Martin devait faire, n'a pu venir que de la part d'un être à qui Dieu a donné alors la connaissance des choses cachées dans le secret des cœurs.

6° Martin a toujours soutenu de vive voix et par écrit que, malgré tout ce qu'on ferait, il parviendrait à parler au Roi ; il l'a répété à Sa Majesté, assurant que son Ange le lui avait toujours dit : « Et je vois bien qu'il ne m'a pas trompé, a-t-il témoigné devant le Roi lui-même, puisque me voilà aujourd'hui avec vous. »

7° Martin a aussi déclaré à Sa Majesté qu'il lui avait été dit qu'elle ne chancellerait pas pour croire ce qu'il lui dirait ; sur quoi le Roi est convenu qu'il ne pouvait chanceler, puisque c'était la vérité.

8° Martin a ajouté qu'il lui avait été dit que le Roi ne lui refuserait pas la permission de s'en retourner, et qu'il ne lui arriverait aucune peine ni mal.

9° Une dernière observation que nous tirerons du rapport de M. Royer-Collard à qui Martin a fidèlement rendu compte, dès le lendemain matin, de tout ce qui s'était passé dans son entretien avec Louis XVIII, c'est que pendant cet entretien qui a duré près d'une heure (Voyez la note à la fin de cet écrit), « il parlait à Sa Majesté avec une facilité « extraordinaire. Les mots se trouvaient dans sa « bouche sans qu'il les cherchât, et il lui semblait « qu'un autre parlaît en lui. Lorsque toutes les « choses qu'il était chargé d'annoncer, l'ont été, « cette singulière facilité de parler a cessé, et il n'a « plus trouvé d'expressions. » Disons encore que cette facilité de s'exprimer n'a pu échapper au Roi Louis XVIII, qui paraît avoir prêté à Martin une oreille des plus attentives (Voyez ci-après page 146). Et cependant tous ceux qui ont eu des rapports avec ce bon villageois, comme nous en avons eu nous-même, n'ont reconnu habituellement en lui que le langage commun d'un homme de campagne, qui n'a nul usage des expressions propres. Il était donc sous l'impression d'un agent surnaturel, lors de son entretien avec le Roi.

Nous pourrions encore ajouter ici différens faits d'un autre genre, faits négatifs, il est vrai, mais que le bon villageois n'était nullement capable d'inventer ni de rapporter, comme il l'a fait avec tant de franchise. Martin a dit, dès le commencement et en plusieurs occasions, comme le tenant de l'inconnu qui lui apparaissait, que ceux qui avaient son affaire entre les mains ne s'en occupaient point, qu'on y mettait bien de la lenteur, qu'on ne faisait rien de ce qui lui avait été dit. On lui a encore annoncé qu'il parviendrait, qu'il confondrait l'incrédulité, et qu'on n'aurait rien à lui répondre. Peut-on dire en effet que, dans ses diverses comparutions, on lui ait opposé rien de convaincant et de raisonnable?

Que l'on juge maintenant si jamais autant de prévisions et d'annonces se sont rencontrées naturellement chez le même sujet, et toujours avec la même justesse, la même vérité dans leur accomplissement ; qu'on décide, si on l'ose, que l'imagination peut aussi fréquemment, en tant d'occasions différentes, suggérer à la même personne de semblables prédictions ; qu'elle le peut faire à l'égard d'un homme simple, sans étude, sans intérêt, sans prétentions, exempt de toute passion ou affection violente, propre à échauffer son tempérament : que si une telle supposition ne présente à tout homme sensé qu'une absurdité insoutenable, qu'on reconnaisse au moins que l'œuvre de Martin, pour quiconque n'admet pas l'intervention d'un guide ou d'un agent supérieur à la nature humaine, est absolument inexplicable.

Tirons encore une conséquence des observations rapportées ci-dessus. En partant d'un point démontré, qui est que Martin n'a été ni l'auteur ni l'instrument d'une fourberie préparée et exécutée dans un dessein quelconque, et par conséquent qu'il n'est point et ne peut être un imposteur, il faut reconnaître pour vrais tous les témoignages qu'il a rendus de lui même dans le cours de son œuvre et à son sujet, lorsqu'il a dit qu'il savait ou ne savait pas telle et telle chose. Ainsi Martin ne savait pas ce que voulait dire ce langage figuré, *La France est dans le délire ;* il ne savait pas qu'il y eût à Chartres *un conseil ecclésiastique ;* il ne savait pas ce que c'était qu'un *Docteur en théologie ;* il ne savait pas si le Roi s'appelait *le Roi très chrétien.* Mais s'il ignorait toutes ces choses, qui a pu les lui révéler? Ce n'est pas un homme quelconque, puisqu'on part du point démontré que Martin n'est pas l'instrument d'autrui, et qu'il n'est pas non plus un imposteur capable d'attribuer à une révélation ce qu'il aurait appris par une voie ordinaire. Il faut donc ici de nouveau se retrancher à dire que Martin a pu être le jouet de l'imagination; mais l'imagination va-t-elle jusqu'à inventer et faire rapporter des mots ou des phrases que l'on n'entend pas, et qui cependant ont un très bon sens? Martin a encore rapporté au Roi des faits qu'il a certifiés ne connaître que par une voie surnaturelle, savoir :

1.° L'évasion de la Valette dont il ignorait encore le nom, quand il en a parlé au Roi.

2.° L'abandon de la dernière ville de France, que le Roi s'est vu forcé de quitter, contre son premier dessein.

3.° Les prières qu'avait faites la famille Royale, pour rentrer dans sa possession.

4.° Il a aussi représenté le peu de reconnaissance que l'on avait eue pour le bienfait de la rentrée du Roi dans ses États.

5.° Mais surtout il a rappelé à Sa Majesté des faits du temps de son exil, dont Dieu seul et lui avaient connaissance; et l'on sait que le Roi a témoigné lui-même à Monseigneur le grand aumônier et à d'autres personnes, que Martin lui avait dit des choses cachées qui n'étaient connues que de Dieu et de lui.

6.° Martin a de plus pénétré le secret intime de la conscience de Sa Majesté, quand il lui a dit :

« Que le Roi se souvienne de sa détresse, de son adversité du temps de son exil. Le Roi a pleuré sur la France. Il a été un temps où le Roi n'avait plus aucun espoir d'y rentrer, voyant la France alliée avec tous ses voisins. » Et le Roi n'a point hésité à convenir de toutes ces choses.

7.° Martin n'avait cessé de dire que ces choses cachées ne lui seraient révélées qu'au moment où il serait prêt à parler au Roi, et M. Royer-Collard nous témoigne que « Martin l'a assuré « qu'elles lui étaient toutes inconnues avant qu'il « entrât dans le cabinet du Roi, et que ce n'est « qu'à cet instant même que la connaissance lui en « a été donnée. » Ou ce fait capital est vrai, ou Martin a menti et trompé jusqu'au bout l'un des plus estimables Docteurs en médecine qui était chargé de l'examiner. C'est à quoi répugne entièrement l'idée que se sont formée de cet homme sans artifice, toutes les autorités ecclésiastiques et civiles.

Enfin, non-seulement Martin a déclaré tout ce qu'on vient de dire, mais il l'a signé et certifié dans un écrit déposé à la préfecture de Chartres, sans qu'on ait soupçonné sa sincérité, ni contredit sa déposition. Il faut donc supposer, ou que Martin s'est conduit constamment comme le plus adroit des imposteurs, quoiqu'on en ait prouvé l'impossibilité, quoique personne ne l'ait taxé de fraude, loin de l'en avoir convaincu; ou qu'il est un homme très véridique touchant ce qu'il dit sur son propre sujet, sur les sensations qu'il a éprouvées, sur ce qu'il a appris par une autre voie que celle des hommes.

Nous venons de voir par une foule de traits réunis, qui s'accordent parfaitement et se prêtent une force mutuelle, qu'on ne peut attribuer cet ensemble de choses à l'illusion des sens, à une pure imagination. Reste donc à conclure que Martin a été l'instrument et l'organe d'un agent vraiment surnaturel.

AVERTISSEMENT. Après ces premières observations, où l'on envisage les faits concernant le sieur Martin, selon les simples règles du bon sens et du raisonnement humain, on a cru devoir les considérer selon les rapports nécessaires qu'ils ont avec notre état présent, et conformément aux vues supérieures que la foi doit nous en donner. Quelques amis chrétiens, attentifs aux avis de N. S. J.-C., auraient désiré qu'on eût insisté dans les réflexions suivantes, sur les différens signes qu'ont paru offrir en divers pays les astres et les élémens; mais nous préférons ne point prévenir les jugemens qu'on en pourra porter. Il est un autre fait plus digne que tout le reste d'une très sérieuse attention : c'est que précisément dans la saison qui a suivi la mission du bon villageois, le fléau inoui d'une pluie continuelle a porté le plus grand dommage aux premières productions nécessaires à la vie, c'est-à-dire, aux blés et aux vignes. Au moment de la plus belle récolte, Dieu lui-même semble avoir enlevé une partie de la dépouille des grains, au point que le blé s'est élevé au prix exorbitant de 80 *fr. le septier;* celle de la vigne a été presque nulle. Un si grand fléau, rapproché de la mission de Martin, doit nous faire craindre l'accomplissement de ses autres annonces, et nous porter à ne rien omettre de ce qui est prescrit, afin que *ce qui est prédit soit arrêté.* (Voyez ci-dessus, page 46.)

RÉFLEXIONS

Sur la mission extraordinaire du sieur MARTIN, *considérée selon les vues de la Foi et de la Religion.*

Parmi cette multitude d'évènemens prodigieux qui distinguent notre siècle entre tous les autres, l'un des plus surprenans, des plus propres à faire naître de très sérieuses réflexions, est celui que présente la mission d'un bon villageois envoyé au Roi par un personnage qui est demeuré inconnu durant près de deux mois, qui ensuite s'est annoncé pour être un Ange du premier ordre; enfin qui, d'apparition en apparition, a conduit ce simple paysan comme par la main, jusqu'auprès de Sa Majesté, pour l'avertir des maux près de fondre sur la France, si l'on ne rend à Dieu l'honneur qui lui est dû, si le peuple n'entre point dans les voies de la pénitence.

Il est vrai qu'aux yeux des sages de ce monde, un fait de cette nature ne paraît seulement pas mériter que l'on s'y arrête; le plus grand nombre, loin d'y songer, se doute à peine s'il a eu lieu; et parmi ceux qui en ont ouï parler, beaucoup d'esprits légers, froids ou indifférens, sans daigner rien approfondir, trouvent plus court et plus commode de rejeter ce fait, comme tant d'autres, parmi les fables bonnes pour amuser les simples, les têtes faibles, les ames pusillanimes.

Cependant qu'y a-t-il au monde de plus capable de réveiller la foi aux yeux du fidèle attentif? Qu'on admette la vérité d'un fait si extraordinaire; quelles conséquences n'en résulte-t-il pas, et quel intérêt plus cher pouvons-nous avoir que celui de nous garantir des maux suspendus sur nos têtes, puisqu'ils menacent à la fois le Royaume, le Gouvernement, notre repos, nos biens, notre propre existence? Faudra-t-il s'endormir sur le bord du précipice? Et nous laisserons-nous entraîner à notre perte irrémédiable, sans songer aux moyens de la prévenir? Tel est aux yeux de l'homme sage et religieux, le sujet qui mérite ses informations, ses recherches, toute l'application de son esprit.

Et d'abord, pour ne point se livrer en aveugle à de vaines conjectures, dans une matière si importante, il commence par soumettre à un examen juste et raisonnable, le fait qui lui est exposé. Est-il croyable, est-il bien vrai, se demande-t-il à lui-même, qu'un campagnard de la Beauce ait été introduit dans le cabinet de Sa Majesté? Lui a-t-elle accordé, durant trois-quarts d'heure ou environ, la faveur d'une audience particulière et sans témoins, faveur que pouvaient envier les hommes les plus distingués par leur mérite ou leur naissance? Voilà le premier point que l'on a révoqué en doute, et c'est à ce degré que la méfiance a été portée. Il n'est rien néanmoins de plus indubitable, d'après la déposition qu'en a faite à Chartres le bon villageois, déposition qu'il a renouvelée dans une relation signée et approuvée de lui le 13 mai dernier, laquelle a été visée successivement et par son Curé et par le Préfet de son département. *Voyez* page 68.

Combien de lettres et d'autres témoignages attestent encore la vérité du fait, ou le supposent nécessairement. Martin a été mandé chez le Roi ; et, le 2 avril 1816, il a eu audience vers les trois heures après midi. C'est le Ministre même de la police qui l'a fait conduire aux Tuileries par un homme de confiance, porteur d'une lettre écrite de sa main, au moyen de laquelle Martin s'est vu admis à parler à Sa Majesté. On défie qui que ce soit d'oser contredire un fait aussi clair, aussi positif, d'après les attestations qu'on aurait à lui opposer. Eh ! n'est-il pas visible qu'un évènement si digne d'attention eût été bientôt démenti officiellement, s'il n'avait été incontestable ; d'autant plus qu'il s'est répandu presque par toute la France, et même en Angleterre, au point que deux journaux anglais lui ont consacré chacun un article, notamment le *The Courrier* du 3 août 1816? et enfin, le Journal général de France en a rendu témoignage le 20 janvier 1817. Qu'on admette que le fait ait été supposé, Martin n'aurait-il pas été repris sévèrement, et même puni avec justice, comme ayant tenté d'abuser, en matière aussi grave, la crédulité publique? Ainsi, la meilleure preuve qu'il a eu audience du Roi, est la parfaite tranquillité dont il a joui long-temps dans son pays, après qu'il a rendu témoignage de ce fait devant les premières autorités.

Ce point éclairci et accordé, l'homme qui ne cherche que la vérité, qu'il lui importe tant de découvrir, s'informe et interroge pour savoir comment un simple paysan a pu parvenir jusqu'au Roi, et quelles causes, quels moyens ont procuré et amené une entrevue si rare, si surprenante. Pour le satisfaire, on lui offre différentes relations, où les faits se trouvent conformes sur les points capitaux et sur un grand nombre de détails. Ces relations ont été dressées par des personnes mêmes qui ont conversé avec Martin, qui l'ont suivi et étudié dans divers lieux, diverses circonstances, sous tous les rapports imaginables.

C'est en effet cet homme intéressant qu'il s'agit d'abord d'approfondir, puisque de la trempe de son esprit, de son caractère, de ses habitudes, dépendent essentiellement sa véridicité et toute la force de son témoignage. Or, sur ce point, on ne craint pas de dire qu'aucun homme se disant chargé d'une mission extraordinaire, n'a subi d'examens plus rigoureux, plus longs, plus répétés que n'en a essuyés l'homme de Gallardon. Les informations les plus exactes ont été prises sur son sujet ; elles l'ont été auprès du Curé et du Maire de sa commune. Que nous apprennent leurs réponses? Elles s'accordent des deux côtés en faveur de Martin, pour le représenter comme un homme droit, irréprochable, incapable de tromper, encore moins d'inventer et de soutenir un mensonge. Son caractère, comme son tempérament, n'offre que douceur et tranquillité : il accomplit ses devoirs de chrétien, mais simplement, sans ostentation ; en un mot, il n'est susceptible d'aucun sentiment exagéré, et jamais il n'en a donné le moindre indice. Telle est la qualité du témoin sur lequel repose principalement la certitude des faits qu'on présente au lecteur. On en conclura aisément qu'il n'y a nulle raison à prétendre que Martin ait été le jouet de l'illusion des sens ou de son imagination. (*Voyez* les premières Observations, page 81.)

Mais ce n'est point assez, car l'incrédulité ne manquera pas d'opposer qu'un unique témoin, par cela seul qu'il est unique, ne mérite point de créance. Comme cette objection est la même pour le fond, que celle qui fut faite par les Juifs incrédules au Sauveur du monde, sans prétendre ici établir aucune ombre de comparaison, on répondra à son exemple : Si vous refusez d'en croire un homme, quelle que soit sa réputation de probité et de sincérité, croyez au moins aux œuvres et aux faits constatés qui viennent à son appui : *Operibus credite*. Ce sont là les témoins qu'il a droit d'invoquer, et qu'on ne saurait récuser.

Martin a-t-il prévu ce qui devait lui arriver en différentes occasions? a-t-il révélé des choses secrètes? a-t-il annoncé qu'il verrait le Roi, malgré tous les obstacles qu'on cherchait à lui opposer? On ne peut le nier, d'après tous les rapports qui en ont été faits aux différentes autorités, soit avant que Martin ait été à Paris, soit depuis son départ de Gallardon : il est donc évident qu'il n'a pas parlé de lui-même ; et ainsi, il est juste d'admettre comme un second témoin celui qui l'a guidé, qui lui a révélé tout ce qu'on trouve dans les écrits ou relations concernant cette affaire.

Comment dire en effet que la simplicité de ce bon villageois ait été capable, non-seulement de concevoir un plan visiblement au-dessus de sa portée et de ses lumières, mais encore de prévoir et d'annoncer d'avance ce que l'homme le plus habile n'aurait pas osé entreprendre, ce qu'il eût regardé comme une vraie folie et une témérité ? Bien plus, l'annonce même que faisait Martin de ce qui devait lui arriver, était seule capable de le faire arguer comme un faux prophète, s'il eût été au pouvoir de l'homme de contrarier une œuvre comme la sienne.

Qu'on s'arrête seulement à quelques faits qui dépendaient entièrement de la libre volonté d'autrui : ne pouvait-on pas, par exemple, pour convaincre Martin de mensonge, détourner la visite du Docteur Pinel, dont il avait prévenu le premier, celui qui le gardait à vue ? Ne pouvait-on pas une autre fois le mettre en défaut manifestement, lorsque, sans en être averti par aucun homme quelconque, il assurait qu'on allait le conduire dans une maison où il serait détenu, questionné, interrogé, et que, malgré tout ce qu'on pourrait faire, il parviendrait à parler au Roi ? Il suffisait, à cet effet, de le renvoyer à Gallardon, en lui défendant que jamais on entendît parler de lui : au lieu que, selon les desseins de l'impénétrable Providence, cette espèce d'humiliation qu'on lui a fait porter à l'hospice de Charenton, en le traitant comme atteint de folie, n'a servi qu'à mieux constater le bon sens de cet homme simple et sans artifice, et l'harmonie parfaite qui existait dans toutes ses facultés, au physique comme au moral. C'est ainsi que le traitement qu'on aurait cru devoir faire mépriser son œuvre comme une folie et une chimère, s'est tourné en moyen pour en assurer le succès, et l'a rendu digne de toute attention, par une suite de traits plus frappans les uns que les autres.

A cet enchaînement de faits si bien liés, à cet ensemble de circonstances coordonnées avec tant de sagesse, pour arriver au terme d'une mission sans exemple, qui ne reconnaîtrait que l'œuvre de Martin est d'un ordre vraiment surnaturel? Pour mieux en convaincre les plus incrédules, insistons encore sur ces examens de toute espèce, et sur ces interrogatoires qu'a subis le bon villageois pardevant les autorités ecclésiastiques et civiles. Quel homme, s'il n'avait eu pour lui toute la force de la vérité, aurait constamment soutenu un rôle aussi difficile que le sien en marchant toujours sur la même ligne, en ne variant jamais ni dans ses discours, ni dans son plan; et cela isolé, sans conseils, sans amis, loin de sa famille, de ses habitudes, en présence de personnes propres à l'intimider, et qui pouvaient encore si aisément le dérouter et l'induire dans diverses contradictions; sans parler des risées dont il était l'objet; plusieurs le regardant comme un visionnaire? Ceux qui sont à portée d'étudier les hommes dans les causes où les juges interrogent les prévenus, sentiront toute la force d'une déposition soumise à de telles épreuves.

Que l'on considère que Martin a rendu témoignage, et un témoignage constant, uniforme, devant son Curé, devant son évêque, devant le Préfet du département, devant le Ministre de la Police, devant les médecins et tout l'hospice de Charenton, enfin, devant le Roi lui-même. Ajoutez qu'il a confirmé ce même témoignage à la Préfecture de Chartres, de vive voix et par sa signature : tout cela n'est-il point du plus grand poids de la part d'un homme irréprochable, pour peu qu'on croie encore à la probité sur la terre?

Ajoutez encore qu'à la suite d'un long et rigide interrogatoire où Martin a été successivement tourné de tous les sens, par les Secrétaires du Ministre, et par le Ministre lui-même, il s'est trouvé des jours entiers sous la conduite d'un gendarme chargé d'épier ses démarches, et jusqu'à ses moindres discours. Ajoutez même que Martin, loin de rechercher une pareille mission, avait essayé de s'y soustraire; qu'il n'était mû et même ne pouvait l'être par aucun motif d'intérêt; qu'il ne désirait naturellement que de vivre sans inquiétude au sein de sa famille; que, malgré ce desir, il ne put en croire le Ministre, lorsqu'il tenta de lui persuader qu'il avait fait arrêter l'inconnu qui le tourmentait, l'invitant à rester tranquille et à s'en retourner chez lui.

Enfin, Martin n'avait à annoncer à tous ceux qui l'interrogeaient, que des vérités peu agréables, des menaces, des malheurs publics; et d'une autre part, il courait risque évidemment, pour peu qu'il eût dévié de la ligne de la vérité, d'être confondu et châtié comme un méprisable fanatique, ou comme un fourbe dangereux. Qu'on rassemble donc toutes ces circonstances, et qu'on voie s'il est possible de ne pas reconnaître un agent vraiment surnaturel dans cette œuvre inouie jusqu'à nos jours.

Dira-t-on que Martin n'était que l'instrument de ceux qui le mettaient en jeu? Quelle absurde pensée! Qui peut s'imaginer d'aller chercher, dans le cœur de la Beauce, un campagnard si neuf dans les affaires, si peu propre à l'intrigue, et si facile à dérouter dans la voie du mensonge, qui ne lui est rien moins que familière? Comment croire d'ailleurs qu'un jeu aussi grossier eût échappé à toutes les administrations? et quel risque n'auraient pas couru les auteurs d'un tel artifice? Auraient-ils même été assez imprudens pour faire ou pour laisser passer ce bon et simple villageois par tant d'examens et d'épreuves? Au surplus, est-ce répondre que d'alléguer de simples possibilités? Il faudrait nommer sans détour les fauteurs et instigateurs de l'œuvre de Martin, et surtout faire voir qu'avant et durant sa détention, il n'a cessé d'entretenir avec eux un commerce de lettres ou de vive voix; mais c'est trop s'arrêter à des conjectures si peu vraisemblables.

La mission de Martin étant reconnue pour surnaturelle, il ne reste plus qu'à examiner si c'est l'œuvre d'un Ange de lumière, ou au contraire celle d'un Ange de ténèbres.

Ici l'on ne peut long-temps hésiter, et en vain élèverait-on quelques misérables difficultés.

L'œuvre de Martin ne présente aucun signe défavorable ou sérieusement repréhensible, qui puisse la faire attribuer à un Ange de ténèbres. On n'y prêche que des vérités; on n'y prescrit que des devoirs absolument inconciliables avec les suggestions de Satan. C'est l'obligation où nous sommes de sanctifier le nom de Dieu, principalement dans les jours qui lui sont consacrés d'une manière spéciale; c'est la nécessité d'entrer dans les voies de la pénitence, pour prévenir la justice divine toute prête à éclater sur notre malheureuse nation. Jamais un Ange de ténèbres peut-il être supposé avoir donné à des Chrétiens un avertissement de cette nature, dont tout le fruit serait la destruction de son propre règne? Cependant celui qui dirige Martin, ne cesse d'y insister dans plusieurs apparitions, et il lui fait encore répéter chez le Roi, que c'est là l'essentiel et le PRINCIPAL.

De plus, il est absolument contraire à toutes les notions que nous donnent de l'Ange des ténèbres, l'Ecriture, les Saints Pères et toute la tradition, de dire que le diable se soit élevé hautement, surtout dans un même œuvre et à plusieurs reprises, non-seulement contre l'irréligion, l'incrédulité, l'impureté, etc., mais singulièrement contre l'orgueil qui fait son propre caractère. Or, l'Ange qui dirige Martin a parlé très expressément contre l'orgueil, et en différentes fois; *c'est pour abattre l'orgueil,* a-t il assuré, en deux circonstances, qu'il a fait choix d'un simple paysan pour porter la parole au Roi. Pour vous, a-t-il dit à Martin, il ne faut pas prendre d'*orgueil* de ce que vous avez vu et entendu. Il s'est plaint aussi en une occasion de ceux qui, étant enivrés *d'orgueil*, ne s'occupaient nullement de l'affaire de Martin qu'ils avaient alors entre les mains; dans une autre circonstance, il a reproché à la France d'être toute dans *l'orgueil*, l'impiété, etc.

On ne saurait donc dire avec quelque raison, que le bon villageois ait été sous la direction d'un Ange de ténèbres; on ne peut le penser si l'on considère que Martin n'a jamais démenti en aucune occasion son caractère doux et pacifique, son égalité d'ame, sa parfaite sincérité, non plus que sa résignation à la sainte volonté de Dieu; on ne peut seulement le supposer, quand on pense que le Diable choisit ses agens de préférence parmi ceux qui sont tout à lui; que, d'une autre part, il n'a pour but que de perdre entièrement ceux qui sont dans sa dépendance; qu'il n'apporte point la paix avec lui; qu'il porte les hommes à se glorifier et à s'enfler du même orgueil dont il est plein; qu'il les entraîne dans le vice, dans les mauvaises compagnies, loin d'en inspirer de l'horreur, de recommander la vertu ainsi que l'assistance au Service divin, assistance dont l'Ange qui dirigeait Martin a donné le premier l'exemple avec un grand recueillement.

Enfin, comment imaginer que l'esprit de ténèbres ne se soit pas trahi par quelque trait particulier durant le cours de l'œuvre de Martin? Comment croire aussi qu'il s'en soit tenu à le faire parler au Roi, en une seule occasion, et qu'ensuite tout-à-coup il l'ait abandonné, au moment même où un premier succès le mettait à portée de tirer parti de ses artifices? Cette dernière observation s'adresse également à ceux qui voudraient supposer que Martin a été l'instrument mis en jeu par quelques intrigans.

L'on ne pense pas que personne s'avise jamais de rétorquer un argument de cette nature, en demandant pourquoi Dieu qui est le maître de ses dons, n'a-t-il donné au Roi qu'un seul avertissement par l'organe du bon villageois? Eh! n'a-t-on pas plutôt à lui rendre mille actions de graces d'une faveur aussi étonnante, aussi peu méritée, aussi digne d'attention et de la plus vive reconnaissance?

C'est ici, en effet, qu'il faut reconnaître et louer la bonté de Dieu incompréhensible, soit dans le choix de l'instrument que son Ange a jugé le plus propre pour nous avertir, soit dans l'unique objet de la mission dont il l'a chargé. Que l'on fasse un moment abstraction de ses propres vues, de ses sentimens particuliers. Qui n'admirerait cette sage conduite par laquelle Dieu semble se prêter et s'accommoder à notre faiblesse, en ménageant d'abord les divers partis qui divisent l'église et l'État, pour ne point faire obstacle au but principal de cette mission, qui doit être singulièrement le salut du Roi et celui du peuple français, si l'on embrasse les moyens que l'Ange a prescrits pour fléchir la justice divine?

Etudions encore sous ce point de vue, cette mission si intéressante, et demandons nous en premier lieu, si, du côté de l'instrument que l'Ange met en œuvre, on pouvait faire un choix plus propre, plus convenable, moins suspect à tous les partis. C'est un simple villageois qui n'a pris aucune part à la révolution, par conséquent sans préjugés comme sans engagemens pour ce qui concerne nos querelles civiles. S'il est attaché à son Roi, c'est sans la moindre prétention, il est dans la ligne du devoir; mais il n'est pas homme à s'occuper des affaires du Gouvernement, étant même incapable par son emploi et son éducation de raisonner sur cette matière. Du côté de la religion, il est chrétien et catholique; mais il en remplit les devoirs sans affectation, sans nulle dévotion particulière; il n'a pris et n'a pu même prendre aucune part aux tristes divisions de l'église; il est neuf, absolument neuf sur toutes les questions agitées de nos jours, politiques et religieuses.

Un tel sujet se rapproche beaucoup de la classe de ceux que Notre-Seigneur a pris pour ses Apôtres, et c'est déja un préjugé des plus favorables pour son œuvre. Ne valait-il pas mieux, pour être l'instrument d'une mission surnaturelle, qu'aucun de nos savans qu'on eût pu rejeter comme un homme de parti suspect ou bien préoccupé? Nous avons déja rappelé les témoignages excellens que l'on a recueillis sur sa moralité comme sur son physique, disposés le plus heureusement du monde pour n'être point susceptibles d'exaltation, ni d'aucun écart d'imagination; de plus, il est père de famille, et par état exercé au labour; par conséquent assez occupé de soins temporels, pour que la malignité n'ait pas le prétexte de dire que c'est un être oisif, absorbé dans des contemplations propres à échauffer sa tête.

Que l'on passe maintenant du personnel de Martin à ce qui fait l'objet de sa mission : y en a-t-il de moins propre à fournir matière à contestation ? Qui pourrait ne pas reconnaître le pur langage de l'Écriture, dans les annonces de l'envoyé céleste dont Martin n'est que l'instrument, soit par rapport aux grands devoirs dont il recommande l'observation, soit dans les menaces qu'il fait retentir contre les violateurs de la loi divine? Il exige d'abord que l'on *sanctifie le jour du Seigneur*, c'est-à-dire que l'on soit fidèle à lui consacrer ce saint jour, à l'y louer plus particulièrement, à y sanctifier son saint nom. Or, n'est-ce pas là le sujet de notre première demande dans l'Oraison dominicale : *Que votre nom soit sanctifié?* N'est-ce pas là encore la partie essentielle du premier des commandemens : *Un seul Dieu tu adoreras?* Et comment sanctifier son nom, comment accomplir le premier précepte, si l'on ne s'occupe pas du culte de Dieu et de sa loi sainte, le jour même qu'il s'est spécialement réservé, et qu'il a désigné pour qu'on le serve sans partage? *Souvenez-vous du jour du repos pour le sanctifier*, dit le Seigneur. (Exod. 20, 8.) *Observez mon sabbat, parce qu'il vous doit être saint : celui qui le violera sera puni de mort ; si quelqu'un travaille au jour du Sabbat, il sera retranché du milieu de son peuple.* (Ibid. 31, 14). Les prophètes sont pleins de menaces et de reproches contre les violateurs du Sabbat (ou jour du repos). *N'est-ce pas ainsi*, disait Esdras aux Juifs de son temps, qui n'observaient pas ce saint jour, n'est-ce pas ainsi *qu'ont agi nos pères, ensuite de quoi notre Dieu a fait tomber sur nos têtes tous les maux que vous voyez, et après cela vous attirez encore sa colère en violant le Sabbat.* (Esdras, 13, 18.)

Dans la mission de Martin, l'Ange s'élève encore hautement contre l'orgueil, l'impureté, l'irréligion, l'incrédulité, l'impiété, et il annonce (page 46) que la France livrée à tous ses vices, est menacée *du plus terrible des fléaux, si le peuple ne se prépare à la pénitence.* Ecoutons là-dessus la voix de Dieu même dans les Écritures.

Le commencement de l'orgueil de l'homme, dit l'Ecclésiastique (Chap. 10, v. 15), *est de commettre une apostasie à l'égard de Dieu; celui qui y sera attaché sera rempli de malédiction, et y trouvera sa ruine.*

Quant au vice de l'impureté, saint Paul, en nous renouvelant le précepte de le fuir, nous rappelle aussi les châtimens qu'il attire de la part de Dieu: *Faites mourir*, dit l'Apôtre, *la fornication, l'impureté, les abominations, les mauvais désirs: c'est à cause de ces crimes que la colère de Dieu tombe sur les enfans d'incrédulité.* (Chap. 3, v. 5 et 6.)

Mais l'impiété, le mépris de Dieu et de ses préceptes, sont surtout menacés des plus terribles punitions dans Moïse et tous les prophètes. Ouvrons seulement Ezéchiel, s'adressant à Jérusalem, par de sanglans reproches, où l'on voit encore la plus vive image de nos prévarications et des grands châtimens qu'elles peuvent nous attirer. (Ezech. ch. V, v. 7, 8, 9, 13 et 15.)

« Parce que vous avez (dit le Seigneur dans ce
« Prophète) surpassé en impiété les nations qui sont
« autour de vous ; que vous n'avez pas marché
« dans la voie de mes préceptes ; que vous n'avez
« pas observé mes ordonnances ; je viens à vous, et
« je ferai parmi vous des choses que je n'ai jamais
« faites, pour punir vos abominations. Vous devien-
« drez, à l'égard des nations qui vous environnent,
« un sujet de mépris, de malédiction, et un exem-
« ple terrible et étonnant, lorsque j'aurai exercé
« mes jugemens au milieu de vous, dans ma fureur,
« dans mon indignation, et dans toute l'effusion de
« ma colère. » Quel rapport frappant entre ces menaces et celles de l'Ange dans la *mission* de Martin! (Voy. p. 17 et 18).

Afin que l'on *arrête ce qui est prédit*, l'Ange nous ouvre la voie de la pénitence, et il nous menace des derniers malheurs, si l'on ne tient compte de ses avertissemens. Or, qui ne sait que les Psaumes, les Prophètes, Jean-Baptiste et Jésus-Christ même, auquel ils se rapportent tous, n'ont qu'une voix sur ce point capital. *Faites de dignes fruits de pénitence, car deja la cognée est à la racine de l'arbre. — Faites pénitence, car le règne de Dieu est proche. — Si vous ne faites pénitence, vous périrez tous.* C'est ainsi que l'Ange nous parle par son instrument, de l'obligation d'une pénitence publique, de la conversion du peuple. Hé! qui en niera la nécessité, après les attentats de la Révolution et au milieu de tant d'impies qui nous environnent encore? Au moins, qu'on ne rejette pas un avertissement si sage, si mesuré, et la fidélité à cette première grace en attirera de plus grandes de la part du *Père des lumières*.

Pour ce qui regarde les moyens d'exécution, Martin est averti d'aller trouver le Roi; pouvait-il s'adresser à un homme plus capable dans tous le Royaume de faire impression sur le peuple? le Roi lui-même n'est-il pas, comme disent les Conciles, l'Évêque du dehors et le protecteur des saints Canons qu'il a le pouvoir de maintenir? N'a-t-on pas vu dans une espèce semblable, le Roi des Ninivites *exciter son peuple à la pénitence?* Ne l'a-t il pas lui-même proclamée le premier par une loi publique et solennelle? Ne l'a-t-il pas prêchée par son exemple? Tout cela exclut-il l'intervention nécessaire des Ministres de l'Eglise? Que l'Archange directement se fût adressé à un prêtre quelconque, tous les partis n'eussent-ils pas aussitôt été divisés sur ce prêtre, quelle qu'eût été sa façon de penser? D'ailleurs, l'Ange lui-même n'avait point décliné la juridiction ecclésiastique. Votre commission est bien commencée, disait-il à Martin qui s'était d'abord adressé à son Curé et par lui à son Évêque; et, dans une autre occasion, il voulait qu'on assemblât le Conseil ecclésiastique et qu'il fût nommé une députation qui se rendrait auprès du supérieur. C'était la marche régulière qu'il avait indiquée dans cette circonstance, où le succès et le sort même du temporel semblent dépendre de la fidélité à des devoirs de l'ordre spirituel. C'est parce que M. l'Évêque s'est déchargé de cette affaire où il n'a cru voir principalement qu'un fait concernant la police, que Martin a passé par tous les examens de M. le Préfet à Chartres, du Ministre lui-même à Paris, des médecins les plus experts à Charenton.

Ce qu'il y a de plus admirable, c'est que Martin, dans tout le cours de cette mission surnaturelle, se trouve guidé par son Ange, pas à pas et comme par la main ; il le suit en tous lieux, dans ces différentes visites, dans ces changemens d'habitation ; il le raffermit contre l'impression que doivent lui causer des autorités supérieures qu'il n'a jamais abordées, contre l'embarras où le peuvent jeter toutes les questions insidieuses des plus habiles chefs de la police; contre les visites inquiétantes et les subtiles interrogations des médecins les plus experts qui l'observent et l'étudient ; contre les railleries des moqueurs ; contre la mauvaise volonté de ceux qui, méprisant sa *mission*, ne s'attachent à rien moins qu'à la seconder. Il l'avertit à chaque pas de ce qui va lui arriver et de la conduite qu'il doit tenir : sur le point de parler au Roi, il le prémunit et le fortifie contre la timidité si naturelle à un simple campagnard qui se trouve, pour la première fois, tête à tête avec son Souverain, et qui a la charge de l'entretenir sur les points les plus importans. Enfin, il dirige sa langue avec une telle facilité, que Martin laissé à lui-même, ne pourrait s'exprimer ni plus librement ni plus aisément vis-à-vis toute autre personne : sa mission accomplie, tout est fini pour le bon vilageois, c'est Martin comme ci-devant, ne s'étant jamais occupé, jusqu'à cette *mission* unique dans son genre, de vision ou d'apparition, et rendu à ses travaux rustiques sans qu'on s'aperçoive d'aucun changement dans ses manières et dans ses habitudes.

Si la *mission* de Martin doit être reconnue pour surnaturelle et divine, si l'on ne peut trop admirer la bonté de Dieu et sa sagesse dans le choix d'un tel instrument, dans l'objet de sa commission et dans la conduite qu'il lui fait tenir, quelles conséquences devons-nous en tirer, et quel profond sujet de réflexions qu'un évènement de cette nature? Qui a pu le déterminer, tandis que depuis tant de siècles, on ne voit pas qu'aucun Ange quelconque se soit manifesté par des apparitions aussi suivies, aussi multipliées? (*On en a compté vingt-quatre à vingt-cinq*).

Deux moyens bien contraires entre eux, mais chacun violens dans leur espèce, peuvent attirer sur la terre ces sortes d'apparitions.

Le premier, quand l'ardeur d'une foi extraordinaire fait monter au Ciel la prière des Fidèles avec une force si puissante, qu'elle arrache de la main de Dieu des signes sensibles et indubitables qu'il les a exaucées. Ainsi les prières si ferventes de l'Eglise de Jérusalem forcèrent Dieu, en quelque sorte, d'envoyer son Ange dans la prison, pour en faire sortir St. Pierre; cette espèce de violence n'a rien qui ne soit agréable à Dieu. *Hæc vis Deo grata est.*

Le second moyen d'attirer sur la terre les Anges exécuteurs des ordres divins, mais moyen révoltant et digne d'horreur, et lorsque les crimes des particuliers, et encore plus ceux des peuples, deviennent si crians, si multipliés, que la clameur s'en élève jusqu'au trône du Très-Haut, comme autrefois l'iniquité des cinq villes abominables. Dans cette circonstance, nous voyons que des Anges ont été envoyés pour avertir Abraham et Loth du sort qu'ils allaient faire subir aux plus corrompus de tous les hommes.

On pourrait encore citer quelques traits relatifs aux punitions exercées par des Anges, soit sur la multitude, soit sur quelques hommes en particulier.

Ces points étant bien reconnus, il faut confesser que les crimes dont s'est couverte notre déplorable Nation, ne nous ont rendus que trop dignes des plus terribles châtimens. Eh! quels crimes comparables à ceux qu'a enfantés la révolution française? Quel tableau nous présente, durant vingt-cinq années, les scènes effroyables qu'elle a données au monde; la révolte, l'insurrection proclamées hautement et régularisées au point d'être mises au nombre des devoirs, et comprises parmi les premiers droits de l'homme? Par une juste conséquence d'un droit désorganisateur, le pillage, les meurtres exercés de tous les côtés; des massacres atroces commis impunément, soit par un excès de fureur contre la royauté et ses défenseurs, soit par une haine infernale contre la religion et ses ministres; ces massacres dans la capitale, continués sans obstacle nuit et jour, sous les yeux d'un peuple avide de sang, et devant la face immobile des autorités constituées qui étaient alors en permanence; après ces premiers actes de férocité, le plus exécrable régicide suivi, durant plus d'une année, d'innombrables assassinats commis au nom de la loi; la mort sous toutes sortes de formes, portée dans nos plus belles villes par les bourreaux qui couraient toute la France. Dans ces jours de deuil et d'horreur, les plus grands scélérats couverts d'applaudissemens, et les honneurs divins rendus à leur mémoire. Les outrages, les attentats contre les Saints, contre Dieu même, l'abolition solennelle de son culte, les parjures, les blasphèmes, mille profanations qui ont souillé nos autels et nos temples; l'apostasie la plus formelle publiquement consommée, souvent renouvelée dans la capitale et dans les provinces, avec l'assentiment de ceux qui se disaient représenter le peuple. Enfin l'horrible culte de la déesse *Raison*, auquel a succédé ce qu'ils ont appelé *Théophilantropie*.

Sans doute que la plus saine partie de la nation opprimée n'a pu voir sans douleur toutes ces scènes effroyables; mais faut-il que des crimes si gands et si multipliés se soient commis publiquement avec la dernière impudence et sans qu'il se soit élevé un cri d'horreur universel pour faire entendre de toutes parts une trop juste réclamation?

Que l'on joigne à ces traits, si l'on veut connaître ce qu'on peut attendre d'un peuple de rebelles et d'ennemis de Dieu, une guerre dans l'intérieur, désolant les provinces de l'Ouest, guerre d'extermination digne de cannibales et d'antropophages; au dehors, le ravage, la destruction, le brigandage portés successivement dans tous les royaumes de l'Europe, par des hordes de soldats sans frein et sans pudeur; des torrens de sang répandus par les troupes françaises, trop long-temps commandées par un chef impie et sans foi, connu pour tel depuis ses guerres d'Egypte, où ce malheureux apostat, à la tête de son armée, proclama Mahomet comme le prophète du Très-Haut, se disant lui-même chargé par le destin d'*abattre les croix*, etc. (*)

En dernier lieu, les blasphèmes nouveaux vomis contre Dieu nommément au retour de l'usurpateur, blasphèmes les plus affreux qui soient jamais sortis de la bouche des hommes.

Tel est en abrégé le tableau de nos crimes (**); et ces crimes accumulés forment un monceau épouvantable qui s'élève jusqu'au Ciel. *Delicta nostra creve-*

(*) Voyez les *Moniteurs* des 24 messidor, 4 thermidor an 6 et 30 germinal an 7.

(**) Quand on s'exprime ainsi, l'on ne prétend pas que tous les Français aient pris chacun également une part active aux crimes de la révolution, mais il faut entendre ce langage dans le sens de celui des Saints et des Prophètes, qui ne séparèrent point leur cause de celle de leur peuple, qui les premiers se mettaient humblement au rang des coupables, en se dévouant pour la multitude aux peines qu'avaient méritées des péchés publics. Ce point a été fort bien établi dans un nouvel écrit qui a pour titre : *Remède unique aux maux de l'Eglise et de l'Etat*, page 44 et suivantes (quatrième édition). Du reste, comme l'observe l'auteur de ce petit écrit : *Qui oserait se croire pleinement innocent? Tous ne sont-ils pas plus ou moins coupables? tous doivent donc prendre part à l'expiation du péché commun.*

runt usque ad Cœlum (Esdras, lib. 1, cap. IX, v. 8). Ces crimes sont toujours subsistans et crient vengeance devant Dieu; ils demeurent écrits dans les trésors de sa colère, parce que, quoique publics, aucune pénitence du peuple ne les a effacés; et parce qu'on ne peut désarmer cette colère que par un sincère repentir.

Comment donc s'étonner que le souverain Juge s'apprête enfin à éclater sur nous? Qui n'admirerait, au contraire, son silence profond au milieu des provocations directes, insultantes, que des hommes abominables lui ont faites très impudemment jusque dans la chaire de vérité? Aurait-on jamais cru à sa patience inépuisable, malgré tant d'indignes outrages contre sa suprême Majesté? Enfin, pouvait-il nous traiter avec plus de ménagement, puisque jusqu'ici nos malheurs ne semblent avoir eu pour cause prochaine, immédiate, que notre propre malice, et qu'il a suffi de nous seuls pour faire notre première punition?

Après tant de forfaits, tant d'impiétés, tant d'horreurs, inconnues aux siècles les plus barbares, ce Dieu riche en miséricorde, nous attend à la pénitence, et, tout prêt à frapper, il nous avertit par un Ange qui témoigne même ne devoir punir qu'avec un sensible regret, et dans le cas seulement où l'on se refuserait aux moyens de salut qu'il vient nous proposer. Ne semble-t-il pas que Dieu nous dit encore cette fois comme à son ancien peuple : « Je me suis tu, j'ai gardé « le silence, j'ai été patient; j'éclaterai comme

« celle qui enfante, je perdrai, j'abîmerai tout. *Tacui* « *semper, silui, patiens fui; sicut parturiens loquar,* « *dissipabo et absorbebo simul.* » (Isaïas, cap. XLII, v. 14.)

Faudra-t-il endurcir nos cœurs, quand il nous donne à tous ce dernier avertissement dans la personne du Roi, notre souverain et notre père? Ah! plutôt que d'attendre et de provoquer même jusqu'à l'extrémité notre perte et notre ruine, souvenons-nous des Ninivites; et, la tête dans la poussière, faisons retentir les prières du Roi pénitent et des saints Prophètes; répétons-les sans cesse, et dans le même esprit qui gémissait en eux; déchirons nos cœurs, non nos vêtemens; abhorrons les plaisirs, les fêtes, les festins, toutes les joies du monde, les vains spectacles, les pompes de Satan. Revenons au Dieu de nos pères; et, après nous être égarés si loin, tournons-nous enfin vers le Seigneur; cherchons-le de nouveau et avec dix fois plus d'ardeur. Doutons-nous qu'alors ce Dieu de bonté « ne se retourne vers nous, pour nous « pardonner, et qu'il n'apaise sa fureur et sa co- « lère, afin que nous ne périssions pas. Et Dieu, « dit l'Ecriture, en parlant du peuple de Ninive, « considéra leurs œuvres; il vit qu'ils s'étaient « convertis en quittant leurs mauvaises voies, et « il eut pitié d'eux, et il ne leur fit point le mal « dont il les avait menacés. » (Jonas, cap. III, v. 9.) L'on s'arrête à ces premières vues, qu'il convient aux pasteurs de développer et de faire sentir avec toute la force et l'autorité attachées à leur ministère, tandis que de saintes ames doivent prévenir et accompagner par la pénitence leurs salutaires exhortations.

« C'est assez pour la fin que l'on se propose dans cet écrit, d'avoir fait connaître et prouver la mission toute surnaturelle du bon laboureur de Gallardon. Les Fidèles de tous les états en tireront des conséquences, et sauront se les appliquer. »

Note sur le rapport des médecins.

Messieurs Royer-Collard et Pinel terminent leur rapport au sujet de Martin en donnant leur avis sur son état, après une longue discussion de laquelle il résulte que « dans l'imperfection actuelle de la science, il ne peut être caractérisé « d'une manière précise. » *Nous pensons, en conséquence,* disent ces deux médecins, *que l'état de Martin pouvant changer de forme, il serait téméraire de prononcer sur cet état avant l'espace d'une année, et jusque-là, nous croyons devoir nous abstenir de le juger.* D'après cet avis, nous nous sommes assurés, par le témoignage de M. La Perruque, que Martin, joint à ce même curé, a fait savoir à M. Royer-Collard, par une lettre écrite de Gallardon au bout de l'année révolue, qu'il n'était survenu aucune altération ni dans son état, ni dans sa santé, et qu'il se trouvait en 1817 le même absolument qu'en 1816. Cela posé, tout homme non prévenu peut juger facilement si l'œuvre de Martin toujours pure et sans nul mélange dans son principe, et jusqu'au moment où s'est terminée sa mission auprès de Louis XVIII, doit être regardée comme venant du ciel, ou simplement comme une œuvre toute humaine. *De cœlo an ex hominibus?*

PRIÈRE

AU

SAINT ARCHANGE RAPHAEL.

Saint Archange, *l'un des sept esprits qui sont devant le trône de Dieu*, prêts à tout heure à faire sa volonté, vous êtes apparu sur notre terre, tout indigne qu'elle est de communiquer avec le Ciel. Votre compassion, votre charité, vous ont seules porté à nous faire avertir des terribles jugemens qui sont près d'éclater sur notre déplorable nation. Aussi, nous avez-vous indiqué en même temps l'unique remède à nos maux, et le vrai moyen de les prévenir. Vous avez mis comme devant nos yeux, et la vie et la mort, et l'attente effroyable de notre perte prochaine, et ce qui peut nous apporter la paix avec l'espérance du salut dont la porte n'est pas encore fermée pour nous.

Ministre du Très-Haut, que votre divine mission n'ajoute pas encore aux crimes dont nous sommes couverts, le dernier excès, le plus grand de tous, celui du mépris, de l'ingratitude, d'une indifférence mortelle. Hélas! qu'il est bien vrai que notre *France n'est plus que dans l'irréligion*, *l'orgueil*, *l'incrédulité*, *l'impiété*; qu'*enfin elle est livrée à toutes sortes de vices!* Qu'il est vrai que nous méritons d'être en *proie*, *en opprobre*; d'être *livrés à toutes sortes de maux*, et de *tomber d'un fléau dans un autre!* Rejetterons-nous vos avertissemens? Achèverons-nous d'*emplir le trésor de colère par l'endurcissement et l'impénitence de notre cœur* (*)? Ah! nous n'en sommes que trop capables: mais il est à craindre, s'il en est ainsi, que ce *terrible fléau*, *qui est à la porte*, ne tombe tout à coup pour nous envelopper comme un vaste filet dont nous ne pourrons échapper! Laisserons-nous donc *mettre sur notre cou le joug qu'ont attiré nos iniquités*, et cette *chaîne* de

(*) *Secundùm duritiam tuam et impœnitens cor thesaurisas tibi iram in die iræ, et revelationis justi judicii Dei.* (Rom, 2, 5.)

malheurs qui nous accablera, *sans que nous puissions nous en relever* (*) ?

Ange saint, qui nous avez dit qu'en nous *préparant à la pénitence, ce qui est prédit serait arrêté*, voyez, considérez quelle est notre faiblesse, car nous n'avons pas même la force de crier pour implorer miséricorde. Nous sommes devant Dieu comme *des os desséchés*, comme un *sarment sec et aride*, incapable de porter aucun fruit de vie, digne enfin d'être *jeté et brûlé dans le feu*.

O vous qui avez témoigné que vous *auriez une grande douleur si vos démarches demeuraient inutiles*, demandez pour nous ce qui, seul, peut nous les rendre fructueuses. Demandez qu'un souffle de vie soit rendu au peuple français, qu'il commence à sentir la grandeur de ses maux, qu'il rentre en lui-même, qu'il ouvre les yeux, et qu'en se voyant, il soit pénétré d'une componction salutaire. Demandez un cœur, un esprit nouveau, l'esprit de grace et de prières, qui en nous tenant humiliés et la bouche collée dans la poussière, nous fera pousser du fond de notre abîme un cri pénétrant jusqu'aux Cieux (**). Demandez pour nous, saint Archange, un désir ardent et sincère d'entrer dans cette pénitence que vous avez si fort recommandée. Demandez qu'il nous soit donné de nous convertir de notre mauvaise voie, et d'en prendre une toute nouvelle. Demandez à Dieu tous ces biens par les mérites du Sauveur, seul digne d'être exaucé; afin qu'en nous voyant marqués du sang de ce divin agneau, vous ne reveniez pas comme un ange exterminateur, mais plutôt comme un ange de paix, qui, toujours rendant gloire au Très-Haut dans les Cieux, apportera encore cette paix aux hommes sur la terre, quand, par la grace d'une vraie conversion que nous vous prions de nous obtenir, ils seront devenus des hommes de bonne volonté. Ainsi soit-il.

CETTE PRIÈRE TERMINE LA RELATION IMPRIMÉE EN 1817.

(*) *Vigilavit jugum iniquitatum mearum, in manu ejus convolutæ sunt, et impositæ collo meo.... dedit me Dominus in manu, de quâ non potero surgere.* Jérémie, Thren. 1, 14.

(**) *Ponet in pulvere os suum, si forte sit spes.* Thren. 3, 29. *Oratio humiliantis se, nubes penetrabit.* Eccl. 35, 21.

AVIS.

Les lettres suivantes, adressées par Martin à M. La P.** son ancien curé, demeurant alors à Versailles, ont été envoyées, transcrites sur les originaux, par cet ancien curé à M. l'abbé Dulondel, et cet ecclésiastique en a laissé prendre copie à l'auteur de la Relation ci-dessus. Il est de plus très certain que le même curé en a donné copie à d'autres personnes; ce qui doit servir à répondre aux doutes qu'on pourrait élever sur leur authenticité. On y reconnaîtra facilement le style du bon villageois, et, ce qui est beaucoup plus important, le but principal où ne cessent de tendre ses révélations, qui est de nous exciter à une prière fervente et persévérante pour détourner les maux dont la France semble plus que jamais menacée, si l'on considère ce qui se passe chez les peuples voisins. Par cette raison, l'on s'abstiendra ici de toute réflexion, laissant au lecteur, selon ses lumières et sa piété, à tirer les autres conséquences qui résultent des mêmes révélations. Notre unique désir est que les bons chrétiens ne se lassent point de prier dans ce temps de nuit, et de frapper à la porte du père des miséricordes. *Oportet orare et nunquam deficere*. Luc. XVIII, 1. Eh! que ne peut point la prière continuelle de l'homme juste? *Multum valet deprecatio justi assidua*. Jacq. V, 16.

Dimanche, 28 janvier 1821.

« Monsieur le Curé, je vous écris pour vous donner connaissance d'une chose qui m'est arrivée mardi dernier étant à la charrue. J'ai entendu une voix qui m'a parlé, sans avoir vu personne, et on m'a dit : *Fils de Japhet! arrête, et fais attention aux paroles qui te sont adressées.* Au même moment, mes chevaux se sont arrêtés sans que j'aie rien dit, parce que j'étais bien surpris ; voilà les paroles qu'on m'a dit : *Dans cette grande région, un grand arbre est planté, et sur la même souche, il en est planté un autre qui est inférieur au premier. Ce second arbre a deux branches, dont l'une des deux a été fracassée, et aussitôt après elle s'est desséchée par un vent furieux, et ce même vent ne cesse de souffler. A la place de cette branche, il en est sorti une autre branche jeune, tendre, qui la remplace; mais ce vent qui est toujours agité, s'élèvera un jour avec de telles secousses. . . .*

. . . .

. . . . *et après cette catastrophe épouvantable, les peuples seront dans la dernière désolation. Prie, mon fils, que ces jours soient abrégés; invoque le Ciel, que ce vent fatal, sortant du Nord-Ouest, soit barré par des barrières puissantes, et que ses progrès n'aient rien de fâcheux. Ces choses sont obscures pour toi, mais d'autres les comprendront facilement.*

Voilà, Monsieur, ce qui m'est arrivé, mardi dernier 23 janvier, vers une heure après midi ; je ne comprends rien à cela ; vous marquerez si vous y comprenez quelque chose. Je n'ai parlé à personne de tout cela, pas seulement à ma femme, car je ne veux pas qu'il en soit mention, car le monde est méchant. J'étais résou à garder tout cela sous silence ; mais je me suis décidé à vous écrire aujourd'hui, parce que cette nuit je n'ai pu dormir, et j'ai toujours eu ces paroles dans la mémoire, et je vous prie d'en garder le secret, parce que le monde s'en moquerait. Monsieur! on m'a traité de fils de Japhet; je ne connais personne dans notre famille qui porte ce nom; on peut bien s'être trompé, on m'a peut-être pris pour un autre.

Monsieur! j'attends de vous une réponse le plus tôt possible; vous la remettrez à Ar***; comme cela, ça sera sûr. Monsieur! en attendant de vos nouvelles, je prie le Seigneur qu'il ne vous arrive rien de fâcheux. Je me fie à vous, ne parlez de ces choses à personne, pas même à Mad. G...., et j'attends une réponse dimanche soir, 4 février.

Signé THOMAS MARTIN. »

8 février 1821.

« Monsieur! j'ai reçu dimanche votre lettre; je vous avais défendu de parler de ce que je vous avais marqué; j'ai eu tort, parce que cela ne peut pas rester caché, il faut nécessairement que cela passe devant les grands et les premiers de l'Etat, pour qu'on voie le danger dont ils sont menacés, parce que ce vent dont je vous ai parlé, avant peu va faire de terribles désastres, car ce vent tourne toujours autour de l'arbre; si on n'y fait pas attention, avant peu il sera renversé; dans le même moment, l'autre arbre, avec ce qui sort de lui, éprouvera le même sort. Hier, la même parole est venue me parler, et je n'ai rien vu, et il faut nécessairement le faire savoir, mais il faut le confier à ceux qui ne font pas grand bruit. Vous connaissez des gens savans qui pourraient bien vous dire tout comme vous pourrez vous y prendre. Si Versailles n'était pas si loin de Gallardon, j'aurais été vous voir pour vous dire tout ce qui m'a été dit; mais c'est trop loin; j'ai mon ouvrage à faire, et il n'est pas possible de quitter. Toutes ces choses m'inquiètent beaucoup, et je ne sais pas comment entendre parler et ne rien voir en plein jour; je remets tout entre les mains de Dieu.

Signé THOMAS MARTIN. »

21 février 1821.

« Monsieur! j'ai eu une grande frayeur ce matin; il était neuf heures, j'ai entendu un grand bruit auprès de moi, et je n'ai rien vu; mais j'ai entendu parler après que le bruit a été apaisé, et on m'a dit : *Pourquoi avez-vous eu peur? Ne craignez point; je ne viens pas pour vous faire aucun mal; vous êtes surpris d'entendre parler et de ne rien voir; ne vous étonnez pas, il faut que les choses soient découvertes, il ne vous arrivera rien; je me sers de vous pour vous envoyer comme je suis envoyé. Les philosophes, les incrédules, les impies ne croient pas que l'on voye leurs démarches, mais il faut qu'ils soient confondus. Ne craignez pas que l'on dise que vous avez quelque maladie qui vous fasse agir; ainsi je vous déclare que vous n'avez aucune maladie, et que les Docteurs en médecine les plus habiles ne sauraient rien trouver en vous. Vous avez été jusqu'à ce jour exempt de toutes maladies, et c'est pour cela que je me sers de vous. Demeurez tranquille, continuez d'être ce que vous avez été, vos jours sont comptés, et il ne vous en échappera pas un seul. Je vous défends de vous prosterner devant moi, parce que je ne suis qu'un serviteur comme vous.*

Je ne peux point vous marquer ce qu'on m'a dit encore, parce que l'annonce n'est pas bonne, et je crains que tout ce qui m'a été dit n'arrive. Il faut toujours prier et ne pas se lasser de prier pour apaiser la colère de Dieu, pour qu'il nous pardonne, et enfin, qu'il nous délivre des maux dont nous sommes menacés.

La première fois, j'étais à labourer aux vallées de Marolles; la seconde fois, au chemin d'Armenonville à Marolles, et aujourd'hui au chemin d'Epernon.

Monsieur! je suis bien en peine comment ces choses se passeront; on m'a dit que celui qui a porté le coup à Charles-Ferdinand d'Artois (voilà comme on me l'a nommé), a été bien trompé; car celui qui lui a fait faire le coup lui avait toujours promis qu'on ne lui ferait rien, et qu'il ne déclare rien; et il avait toujours cette espérance jusqu'au moment d'être exécuté, qu'il croyait que c'était une feinte pour lui faire découvrir qui lui avait donné ce conseil, et ce même jour il ne devait point en échapper.

Monsieur! voilà ce qui m'a été dit; je ne sais point qu'elle est la personne qui me parle; il a la voix assez forte et bien claire. J'ai eu la pensée de parler, mais je n'ai pas osé, à cause que je ne voyais personne. *Signé* THOMAS MARTIN. »

26 février 1821.

« Monsieur! c'est samedi dernier, 24 février, que j'ai eu une grande frayeur; j'ai encore entendu un grand bruit autour de moi, mais il n'a pas duré long-temps, et cette voix m'a dit que le crime était à son comble, et je n'ai encore rien vu. J'étais à labourer auprès (du Climat) de la *Justice*, et vous voyez qu'il n'y a pas d'endroit qu'on ne me trouve. Monsieur! vous me marquez que je ne vous ai rien marqué dernièrement, parce que l'annonce n'était pas bonne; on m'a dit : « qu'il n'y avait pas d'endroit que les iniquités « étaient plus grandes qu'en France ; que la nation « était couverte de toutes sortes de crimes ; qu'ils « ont porté leurs mains sacrilèges sur l'oint du « Seigneur ; qu'on a porté le venin et le désor- « dre dans toutes les nations, et que toute la na- « tion est coupable, plus ou moins, des crimes « qui ont été commis et qu'elle commet encore « tous les jours. »

On m'a dit : « Que Charles-Ferdinand a succombé « sous le fer meurtrier dans les jours que se commet- « mettaient les plus grands désordres, et cette année « les crimes sont toujours les mêmes et encore plus « grands, et que le coup était mortel sur-le-champ, « mais qu'il a encore vécu outre le cours de la na- « ture, ce qui a paru surprenant à tous ceux qui ont

« été les témoins, parce qu'on m'a dit qu'il avait été « frappé de la même manière que Henri IV, et « qu'il n'a pu achever la parole qu'il voulait pronon- « cer et que son dernier soupir a été de se recom- « mander à Dieu notre divin Sauveur. »

SUPPLÉMENT ET RAPPORT EXACT DE LA VOIX A MARTIN (*).

Si l'on ne fait pas attention à ce qui est annoncé, l'arbre avec ses branches. . . . . et les puissances étrangères viendront ravager et détruire la nation. Il se fera une guerre cruelle entre les rois eux-mêmes pour diviser et faire le démembrement de la France, et le calme étant un peu revenu, le reste de la nation. . . . .

. . . .

La voix lui a encore dit : *Il n'y a qu'un sixième de la France qui soit réellement attaché au Roi* (**), *un quart est neutre, un quart est pour l'usurpateur, et le reste qui est plus nombreux, ne voudrait aucun souverain, et ce sont ceux-là qui travaillent le plus pour faire périr le Roi et sa famille.*

(*) Ce supplément a été tiré de la bouche même du sieur Martin par M. Marre, Curé de Saint-Symphorien d'Eclimont, sur l'invitation de madame de Montmorency.

(**) Louis XVIII, puisque ces lettres ont été écrites en 1821.

22 mars 1821.

« Monsieur ! vous ne devez pas avoir trouvé mauvais que je ne vous aie pas envoyé ce que j'ai dit de vive voix à M. le Curé de St-Symphorien, d'après la lettre de Madame de Montmorency. Cela m'a été dit le 21 février.

« Monsieur ! ma crainte ne diminue pas de ce que je vous ai marqué. J'aurais encore d'autres choses à vous marquer ; mais je laisse tout à la volonté de Dieu. C'est une chose surprenante d'avoir vu une main écrire avec son doigt sur une muraille ; de connaître toutes les lettres, et de ne pouvoir les assembler ; cela m'est arrivé le 10 mars ; je n'ai vu personne, je n'ai vu qu'une main.

« On a écrit de Versailles à M. le Curé d'Éclimont, au sujet de toutes ces choses, et il dit que c'est le diable qui me fait tout cela, et je ne sais pas si le diable dit de prier le bon Dieu pour qu'il n'arrive rien de fâcheux.

« Il a dit à Charles Fran......... que tous ceux qui croyaient cela étaient des Jansénistes, et que M. Dulondel l'était aussi.

« Monsieur ! comme je crois, il imagine qu'il n'y a que lui et quelques autres qui sont des prêtres solides, où on peut s'adresser. Je ne vous marque rien de plus. Il faut prier de votre côté aussi, pour découvrir ce que veulent dire ces lettres ; mais je crois qu'il faudrait des gens savans pour deviner ce que cela veut dire.

Signé THOMAS MARTIN. »

2 avril 1821.

« Monsieur! je n'ai pas pu vous faire passer cette lettre, car Ar*** n'a pas été à Paris. Je vous avais marqué que j'avais vu une main tracer des lettres, mais je ne vous marquais pas quelles lettres; les voilà. On a fait une croix bien grande, et à la suite les lettres R. M. P. G. Q. H. L. V. D. Je ne sais pas si je les mets bien à leur rang. Après les lettres marquées, la même main a passé par dessus, les a effacées. Je ne sais pas si vous connaîtrez quelque chose, je ne puis rien comprendre. J'étais dans la grange à faire des échalas. Rien autre chose à vous communiquer.

Signé THOMAS MARTIN. »

12 avril 1821.

« Monsieur! j'ai marqué à M. Legros que l'on faisait des projets pour savoir comment s'y prendre pour se saisir des princes; et mardi dernier 10 avril, la même voix m'a dit : *qu'il était grand temps que le roi ouvre les yeux sur le sort de son royaume et de lui-même; qu'on emploie tous les moyens possibles pour que le peuple prenne en haine le Roi et les princes de sa famille; qu'il faut toujours prier pour que les méchans ne réussissent pas dans leurs entreprises* (*). *Signé* THOMAS MARTIN. »

(*) On a su dans le temps que ces derniers avis étant parvenus à la cour, il avait été pris alors, à tout évènement, de plus grandes précautions pour la sûreté de Louis XVIII et de sa famille.

Nouveaux faits concernant Thomas Martin et ses dernières révélations, avec quelques remarques sur le jugement qu'il en faut porter.

On répand à Paris et dans les départemens diverses anecdotes relatives à de nouveaux évènemens qui concernent Thomas Martin, et l'on parle de plusieurs annonces qu'il aurait faites au sujet de la dernière révolution. Il serait à désirer que les preuves en fussent aussi bien établies que celles qui justifient ses révélations de 1816 l'ont été par une suite d'examens les plus rigoureux, les plus assidus. A cette époque, Martin sortant de son village, isolé de tout appui et de tout conseil, étranger à toute suggestion, a subi une foule d'épreuves et d'interrogations qui eussent dérouté tout homme que la vérité n'eût pas soutenu et dirigé. Il a passé successivement, et sans se démentir en rien, par toutes les administrations ecclésiastiques et civiles, chez son Curé, son Évêque, son Préfet, ensuite à la police et devant le ministre lui-même; il a été surveillé à Paris par un lieutenant de gendarmerie; enfin, il s'est vu renfermé dans l'hospice de Charenton, où non moins surveillé, il est demeuré trois semaines, sous les yeux des hommes les plus exercés à pénétrer tous les secrets, au moral comme au physique, de ceux qui leur sont adressés. Ajoutons que ce sont les hommes les plus intègres, les plus incapables de le faire parler dans le sens d'aucunes préventions qu'on aurait tâché de lui inspirer : c'est assez de dire qu'à la tête de ses surveillans se trouvaient MM. Roulhac Dumaupas, directeur, et Royer-Collard, médecin en chef de l'hospice de Charenton ; hommes de la plus intacte réputation, qui nous ont attesté « qu'à tous les instans du jour, Martin observé, soit qu'il fût seul, ou avec quelqu'un, non-seulement n'a laissé échapper aucune trace de délire, mais qu'il n'a vu dans l'hospice de Charenton que trois Messieurs étrangers pour lui, et d'ailleurs discrets, et très incapables d'être l'instrument d'une fourberie ; que ces Messieurs se sont rigoureusement bornés à lui adresser quelques simples questions, toujours en la présence de M. le Directeur, et sans lui faire aucune espèce d'insinuation (*). » Or, on ne peut nier que ses dernières révélations ne sont pas soutenues d'un faisceau de preuves aussi concluantes.

Cependant, afin qu'on ne nous reproche pas de n'avoir rien dit de ce qui peut intéresser divers lecteurs au sujet du bon villageois, nous donnerons ici ce qui nous a été communiqué des faits qui concernent Martin, depuis le mois de juillet dernier ; on les tient en grande partie d'un Curé, chez lequel le desservant de Gallardon s'est retiré pendant quelque temps : qu'on nous permette seulement d'y joindre quelques remarques nécessaires.

(*) Voyez plus haut les extraits du rapport de M. Royer-Collard, et nos observations à ce sujet.

Et d'abord, il paraît certain que le samedi qui précéda les trop fameuses ordonnances, Martin annonça comme très prochaine une terrible Révolution. Diverses personnes de son pays en ont rendu et peuvent encore en rendre témoignage. Il a rapporté qu'il avait entendu une voix qui lui dit : *La hache est levée, le sang va couler.*

On parle aussi d'une vision qu'il a eue le 1er août dernier, dans laquelle, à la messe, entre les deux élévations, il aurait distingué trois larmes rouges, trois larmes noires, et trois larmes blanches, tombant sur le calice perpendiculairement, et attenant chacune suivant leur couleur, ces trois mots : MORT, DEUIL, JOIE ; lesquels mots, suivant l'explication qu'on en donne, signifient le sang qui va couler sur tous les points de la France, le deuil qui suivra le carnage, et la paix qui consolera la France après tous ces désastres. Mais on ne pourrait accorder cette vision par rapport au mot JOIE, avec les premières de 1816, qu'autant que le peuple français entrerait avant tout dans une voie de pénitence et de conversion générale et publique, à l'exemple des Ninivites ; car c'est là ce que l'envoyé céleste nous a prescrit pour arrêter la destruction de la France qu'il est venu prédire. V. p. 5, 10, 17, 18, 46.

Le 30 août, Martin entendit deux fois la voix accoutumée qui l'avertit de fuir, et depuis ce temps il est demeuré caché.

Dans le mois de septembre, Martin a entendu ces paroles : *J'ai d'une main la foudre et de l'autre une épée à deux tranchans pour soulever les hommes les uns contre les autres, afin qu'ils s'entre-tuent. Au moment de partir j'ai été arrêté par la Sainte-Vierge mère de Jésus-Christ, qui a fait suspendre les coups.* Il m'a été dit que *les méchans allaient avoir la bride sur le cou*, MAIS POUR PEU DE TEMPS. . . . . *qu'il n'y aurait plus d'obéissance.* Il m'a encore été dit *qu'il y avait deux Renards. . . . . . . Mais que l'un plus fin et plus malin détruirait l'autre. A ce moment l'on se portera aux* (derniers) *excès* . . . . *le sang coulera comme quand la pluie tombe bien fort, surtout depuis le Nord jusqu'au Midi. L'Ouest sera moins agité; mais ce ne sera pas long; ce temps sera abrégé. Au moment de la grande crise où les bons triompheront, les méchans qui auront échappé seront saisis d'une si grande frayeur que plusieurs se convertiront.*

Ici l'on peut demander si la frayeur suffit pour opérer la conversion des méchans. Elle n'a point converti Pharaon, ni son peuple, ni bien d'autres nations que le peuple de Dieu a subjuguées dans la Terre-Sainte. Quant à nous, nous croyons avec le saint concile de Trente, qu'il faut encore pour être converti un commencement d'amour de Dieu, comme source de toute justice.

Dans les derniers jours d'octobre, il a été dit à Martin : «*Encore quelques jours de patience, et l'on verra l'accomplissement de ce qui est annoncé. Dans peu de temps on verra le symbole de la paix sur les édifices de France; ce qui réjouira le monde, et on ne pourra s'empêcher d'admirer la toute-puissance de Dieu.*

Ces deux dernières révélations nous font craindre qu'elles ne tiennent à quelque insinuation conforme aux espérances dont se flattent quelques personnes, d'une prompte et nouvelle Restauration. Mais comment les accordera-t-on avec ce que portent les révélations de 1816, et même celles de 1821, qui contiennent les plus grandes menaces contre la France, si le peuple avant tout ne se prépare pas à la pénitence, si l'on ne veut pas faire ce qu'a dit l'envoyé du Ciel. Ci-dessus page 46. — Car, c'est là certainement, et l'on ne saurait trop l'inculquer, un préalable indispensable. De plus, comment concilier cette prédiction que *dans peu de temps l'on verra le symbole de la paix sur les édifices de France*, avec ce qui est prédit page 31 que la paix ne serait pas rendue à la France, avant 1840? Ce qui s'entend de la paix INTÉRIEURE; comme en effet les conspirations n'ont cessé de miner le trône.

Martin a dit encore : « Je me regardais un jour comme captif dans la situation où je suis ; je me désolais intérieurement. Je fus repris sévèrement et on me dit : *Vous êtes heureux d'être persécuté pour la cause de J.-C., car si vous étiez du nombre de ceux qui vous persécutent, vous ne seriez pas digne d'être chargé d'une mission si importante et si glorieuse.* »

Le dimanche, 21 novembre, après un éclat de lumière répandu dans sa chambre, Martin entendit ces mots : *Priez, car le bras du souverain juge est levé pour frapper; tout ce qui est prédit va s'accomplir.*

Enfin le jeudi, 3 décembre, Martin a dit qu'il lui avait été révélé, quelques semaines auparavant, que « la fin du Pape était très prochaine, et que sa mort serait le signal de grands évènemens; que l'élection du Pape sous le pontificat duquel la religion doit refleurir, et l'ordre se rétablir en France, serait remarquable par des prodiges surprenans. » Mais plutôt n'est-il pas étonnant et même pénible de voir que Martin ne fait point précéder ici, comme l'envoyé céleste l'a si fortement exigé en 1816, la pénitence du peuple français, qui est si nécessaire pour que la religion fleurisse, et que l'ordre soit rétabli en France? Malheureusement les apparences ne portent pas à espérer comme prochaine cette pénitence générale et publique. Au contraire, les révélations faites à Martin en 1816 et en 1821, n'offrent que des reproches et des annonces redoutables pour le peuple français, qui font craindre qu'il ne s'endurcisse dans son impénitence.

Nous nous sommes assez expliqué (p. 62 et 63) contre l'existence de Louis XVII que Martin, dit-on, aurait représentée au roi Louis XVIII. Il est un fait d'une espèce différente et plus digne de foi que l'on rapporte de Martin, au sujet du roi Charles X. Lorsque ce prince battait en retraite, il envoya de Rambouillet à Gallardon un officier supérieur (l'on dit M. La R** n.) pour questionner Martin sur le parti qui lui restait à prendre; à quoi Martin a répondu que tout était fini pour Charles X, et qu'il n'avait plus d'autre parti à prendre que de sortir de France au plus vite. Nous tenons ce fait d'un homme très digne de croyance, qui a été exprès à Gallardon, où il n'a pu voir que la femme de Martin, laquelle le lui a certifié comme indubitable. Elle lui a dit aussi qu'avant la dernière révolution, et encore peu avant qu'il fût obligé de se cacher, Martin avait reçu une multitude de visites, et même de personnes d'un rang distingué, dont plusieurs étaient venues de plus de soixante lieues.

Nous terminerons cet écrit par une observation que nous croyons très nécessaire pour bien apprécier la mission de Martin, et ne pas se faire de faux système, ni se livrer à des conjectures étrangères à ce qui fait l'objet principal de son œuvre.

Martin avait reçu une sorte de mission extraordinaire pour avertir premièrement Louis XVIII des dangers et des malheurs qui le menaçaient, lui et sa famille, et la France entière. Secondement, il devait indiquer les moyens de prévenir et ces dangers et ces malheurs. La vérité de sa mission, quant à ces deux points capitaux, a été portée à un haut degré d'évidence, par les preuves qu'on trouve rassemblées dans le rapport de M. Royer-Collard, et, qu'on nous permette de le dire, dans les *observations et réflexions* qui viennent à son appui. Mais Martin tiré de sa mission, et n'apportant plus pour ses autres annonces des preuves aussi claires, aussi fortes que celles qui justifient celles qu'il a faites en 1816, doit-il être également considéré comme un homme éclairé d'une lumière surnaturelle, dans tout ce qu'il rapporte de ses nouvelles visions? Ce serait lui attribuer un privilège dont la vie des saints n'offre point d'exemple. Ne pourrait-il pas au contraire avoir reçu depuis sa mission remplie, des impressions étrangères à son but principal qui, dès la première apparition, lui est proposé tout entier. (Voyez page 10.)

Or, ce but principal est de représenter au Roi qu'il doit « relever le jour du Seigneur, abolir les « désordres des jours qui précèdent la Sainte-Qua- « rantaine, et faire exciter le peuple français à la « pénitence, enjoignant des prières publiques pour « sa conversion. » Dans tout ceci Martin nous semble un autre Jonas : Hors delà, on peut bien ne voir en lui qu'un homme des champs dirigé par son propre esprit, ou cédant même, sans s'en douter, à des suggestions étrangères; surtout lorsque ses nouvelles révélations ou visions ne peuvent s'accorder avec les premières qu'il a eues en 1816. Nous l'avons toujours dit, nous n'avons cessé de le répéter, et plaise à Dieu qu'on le prêche sur les toîts, il n'y a d'avenir plus heureux, ni même de salut en ce monde à se promettre pour la France, qu'autant qu'une pénitence générale et publique aura réparé les scandales de quarante années de Révolution. Sur toutes les autres conjectures, visions ou révélations, nous craignons fort que bien des gens ne se fassent illusion par de vains systèmes, ou par des vues particulières qui peuvent tenir à des engagemens qu'on aurait pris, dans quelque parti que ce soit.

FIN DES RÉVÉLATIONS.

AVERTISSEMENT.

Nous soumettons au jugement du lecteur qui pourra y prendre intérêt, ce que l'on trouve de plus important dans les *Mémoires d'une femme de qualité*, tom. II, chap. 27 et 28, au sujet de l'affaire du bon habitant de Gallardon. Loin de les mettre sur la même ligne que la Relation précédente, nous convenons que l'on ne peut à tous égards y ajouter autant de foi; surtout si l'on fait attention que ces *Mémoires* ont été désavoués par madame Du C***, à qui on les a attribués. Cependant beaucoup de faits que l'on y rapporte coïncident parfaitement avec ceux de notre relation, et quelquefois même leur donnent un nouveau développement; car la vérité s'y fait jour à travers la teinte philosophique dont ils sont imprégnés, au point que l'incrédulité du rédacteur semble comme ébranlée dans diverses circonstances. Le lecteur, au surplus, en jugera suivant ses lumières et son discernement. Cependant quelques hommes religieux nous ont paru peinés de voir joints à notre relation des extraits de mémoires composés dans l'esprit du monde. Nous leur observerons que ces extraits renvoyés ici à la fin, et même dénués d'authenticité, ne sont donnés que comme une pièce de renseignement où l'on peut bien trouver à prendre et à laisser. Mais tout en rejetant cet esprit qui les a dictés, nous avons cru qu'il serait utile de faire voir au lecteur ce que l'on pensait à la Cour, et ce que pensait Louis XVIII lui-même de la mission de Thomas Martin, quant aux faits qui s'accordent avec notre relation.

RÉCIT

tiré des Mémoires d'une femme de qualité, tom. II, chapitres 27 et 28.

Chapitre 27. Le rédacteur de ces Mémoires rapporte d'abord deux apparitions qui se présentèrent à Martin dans son champ et ailleurs. De suite il le fait comparaître devant son

Curé, son Evêque, et devant le Préfet de son département. Le Préfet envoie Martin, sous l'escorte d'un gendarme, au Ministre de la police (M. Decazes) qui « redoutait une supercherie, mais qui est frappé de l'assurance et de l'air naïvement inspiré de Martin. » Peu après Martin est visité par M. Pinel auquel il dit : « Vous venez voir si j'ai perdu la tête? mais il m'a été dit que ceux qui vous envoient sont plus fous que moi. »

Sur tous ces points les Mémoires qu'on vient de citer s'accordent avec la relation précédente. « L'Archevêque de Reims, (suivant les Mémoires) « persistait à réclamer l'examen de « cette affaire. . . . . . Le Roi, cédant aux sollicitations du grand-aumônier » . . . . se décide à faire venir Martin qu'on avait envoyé à Charenton comme atteint d'*hallucination mentale*. « Louis XVIII se le fait amener par M. Decazes lui-même » . . . .

« Vous voulez donc parler au Roi, dit M. Decazes à Martin? Mais qu'avez-vous à dire à Sa Majesté? » Cette question n'avait pas été oubliée la première fois que M. Decazes l'avait interrogé. Martin ne fut pas plus intimidé la seconde fois que la première par Son Excellence, et répondit encore que « les choses ne lui seraient annoncées que lorsqu'il serait en présence du Roi. » M. Decazes fut donc obligé de se mordre les lèvres, et laissa Martin seul dans le cabinet de Sa Majesté. »

Ici le rédacteur des *Mémoires d'une femme de qualité* lui fait dire : « J'étais dans ma cachette privilégiée, l'oreille appliquée au trou de la serrure, palpitant d'impatience, et maudissant le moindre bruit qui menaçait de me faire perdre une parole de cet entretien. » C'est dans cette hypothèse, qui n'est pas sans difficulté, que nous allons suivre ce que portent ses *Mémoires*, où elle continue sa narration comme il suit :

Chap. 28. « Martin traversa tous les appartemens des Tuileries en habit de gros drap gris, en souliers ferrés, et en guêtres de cuir. Ce fut dans ce costume que je le vis entrer dans le cabinet du Roi d'un air d'assurance, et sans montrer de surprise. Le Roi était assis à sa table, dans son fauteuil, et décoré de tous les ordres de la royauté. Martin s'avança vers lui sans hésiter, et le saluant, le chapeau à la main, lui dit : Sire, je vous salue. »

Après avoir annoncé sa mission de la part de l'ange Raphael, Martin dit au Roi : « Sire, vous avez été trahi, et vous le serez encore.

— « Le trône est-il ébranlé? Est-ce ma personne ou ma famille qu'on menace? Faut-il craindre la mort ou l'exil?

— « La mort viendra à son heure, reprit Martin. Mais Dieu a exaucé les prières de votre exil; vous aurez un tombeau à Saint-Denis (*).

— « En effet, dit le Roi, c'était souvent l'expression de mes désirs; je demandai encore plus souvent au Ciel le tombeau que la couronne de mes pères.

— « Dieu vous a écouté dans sa miséricorde; mais vous n'avez pas assez fait pour sa sainte religion; vous vous êtes appuyé sur les hommes, et ils vous ont trahi . . . .
Les prisons elles-mêmes s'ouvrent pour vos captifs.

— « Vous voulez parler de Lavalette, dit le Roi.

— « Je ne sais pas son nom, dit Martin . . . . . .

. . . . « Sire, défiez-vous de ceux qui vous servent; la paix *intérieure* ne sera rendue à la France qu'en 1840; jusque-là les conspirations mineront le trône (**). (Nous supprimons ici, d'après de sages observations ce qui regarde dans les mémoires le mariage du duc de Berri et sa mort funeste, parce que tout cet article est d'un style moins naturel que celui de Martin

---

(*) Si Martin a dit en effet à Louis XVIII qu'il aurait un tombeau à St-Denis, on en doit conclure que les plus grands malheurs qu'il annonçait comme menaçant la France, ne devaient pas arriver du vivant de ce prince, ainsi que plusieurs l'avaient imaginé, ce qui les a portés à mépriser ensuite la mission du bon villageois.

(**) C'est effectivement ce qui est arrivé jusqu'à présent, comme M. de Martignac vient de le prouver dans son plaidoyer à la Chambre des Pairs, pour la défense de M. de Polignac. Il est donc clair que dans cette prédiction il s'agit de la paix *intérieure* qui ne doit pas être rendue à la France avant 1840.

qui, sans parler de mariage, a dit simplement : *Si le Roi ne fait pas ce qui est dit, il sera fait un grand trou à la couronne, ce qui la mettra tout auprès de sa ruine.* Ci-dessus page 11.)

« Martin s'était animé dans son langage, et avait pris peu à peu un tel ascendant... sur le Roi, par son air de prophète, qu'on eût dit un maître instruisant son disciple. Je n'ai jamais vu Sa Majesté plus attentive à une conversation. (Voy. p. 94 ce qu'en dit M. Royer-Collard.)

« Le Roi lui prit la main : « Permettez-moi de toucher, dit-il, la main que l'Ange a serrée dans la sienne.

— « Ah! Sire, votre main aurait été serrée comme la mienne par cette glorieuse main, et j'osai répondre à l'Ange quand il me donna l'ordre de venir ici : *Que n'y allez-vous vous-même ?*

— « Eh bien ! que vous répondit-il ?

— « Qu'il n'était pas en son pouvoir de vous accorder ce que vous désiriez le plus en ce moment, et qu'il lui en aurait trop coûté de vous refuser en personne.

— « Ah ! je sais, dit le Roi un peu embarrassé ; et, baissant la voix, il ne laissa parvenir jusqu'au trou de la serrure que le nom à peine articulé du roi David.

— « Mais vous savez tout Martin, reprit Louis XVIII d'une voix plus ferme.

— « Je ne sais que ce qu'on m'a appris ; mais, pour vous prouver ma mission, je vous dirai que vous avez fait une promesse que vous n'avez pas tenue (*) ; vous y êtes encore à

(*) Ces paroles rapprochées de notre Relation, où on lit, page 17, que Martin devait *découvrir au Roi des choses secrètes du temps de son exil*, et page 63, qu'en effet Martin, comme l'Ange l'en avait prévenu, *rappela au Roi des particularités qui lui ont été annoncées de son exil*, donnent à conjecturer que dans la révélation des choses secrètes, il s'agissait d'une *promesse* ou d'un vœu qu'aurait fait Louis XVIII, s'il parvenait à monter sur le trône, puisque c'est au sujet de cette *promesse* même que le Roi recommandait à Martin le secret. Dans cette hypothèse, il faut rejeter ce qu'on a dit si légèrement, savoir, que ce

temps (Ici les Mémoires portent trois points.), ou vous devez renoncer à recevoir jamais l'huile sainte sur le front.

— « Gardez-en le secret, dit le Roi; il n'y a que Dieu, vous et moi qui saurons jamais cela (*).

— « Je serai muet; mais n'allez pas à Reims, si vous ne dégagez pas votre parole; car il est écrit que la cérémonie du sacre serait fatale. »

« L'entretien devenait intéressant; je vis le Roi lever les yeux au ciel, en joignant les mains en croix, et une larme coula sur sa joue; mais soit lassitude d'attention, soit que la voix plus étouffée de Sa Majesté devînt réellement moins distincte, je n'entendis plus que des paroles inintelligibles pour moi. L'audience de Martin se termina par les formules d'une conversation ordinaire . . . .
. . . .

---

secret portait sur un dessein qu'aurait eu Louis XVIII de tuer son frère à la chasse; imputation odieuse et dénuée de preuves.

Remarquons encore que Louis XVIII est ici placé, suivant ce que lui dit Martin, dans l'alternative de tenir sa promesse, ou de renoncer à recevoir l'huile sainte. D'où l'on doit conclure que s'il eût tenu sa promesse, il aurait pu légitimement être sacré, sans nul danger pour sa personne; ce qui ne peut s'accorder avec l'existence de Louis XVII, que l'on a prétendu vivant, et dont il aurait alors envahi les droits.

(*) On s'est livré à mille conjectures pour pénétrer les choses secrètes que Martin aurait dites au Roi. Qu'il nous soit donc permis d'en donner aussi une qui n'est pas dénuée de vraisemblance. Supposant d'abord qu'il y a du vrai dans ce que portent sur ce sujet les *Mémoires d'une femme de qualité*, nous y lisons que Louis XVIII *un peu embarrassé* de ce que « Martin lui disait, ne laissa parvenir jusqu'au trou de la serrure que « le nom à peine articulé du Roi David. » Ne pourrait-on pas induire de ce texte, que Martin rappela au Roi, par rapport à son inconduite, une faute à peu près du genre de celle que le prophète Nathan avait reprochée au roi David, de même encore que Bossuet en usa envers Louis XIV. Quant à la promesse qu'aurait faite le roi Louis XVIII, *promesse qu'il n'a pas tenue et qu'il était encore à temps de remplir*, s'il voulait recevoir l'huile sainte, ce qu'il y a de certain, c'est que ce Prince n'a pas tenté d'aller se faire sacrer à Reims, d'où l'on peut croire qu'il n'aura pas voulu *dégager sa parole*, quel qu'en ait été le sujet.

Suivant les *Mémoires d'une femme de qualité*, le Roi lui aurait dit : « Cet homme n'est ni un fou ni un imposteur. Je ne sais plus que penser d'une semblable mission. » . . .

. . . .

Et plus loin, « le Roi dit à plusieurs personnes de sa cour (Voyez la note ci-après.) que Martin lui avait fait des révélations, mais comme il ne voulut jamais s'expliquer davantage, les conjectures se multiplièrent. . . . . . .

Et spécialement « un bruit sur l'existence de Louis XVII, qui a fait plusieurs fois des dupes depuis la restauration, et qui se reproduira dans ces Mémoires. »

NOTE.

Martin est resté chez le Roi 57 à 58 minutes, selon la montre de M. le Duc d'Escars.

S. A. R. Madame la Duchesse de Berry, ayant demandé à S. M. Louis XVIII comment elle devait répondre à des Princesses de sa famille qui lui avaient écrit d'Italie et désiraient avoir des informations relativement à Martin, le Roi répondit que *Martin était un fort honnête homme, qu'il lui avait donné de bons conseils, dont il espérait avoir profité.* Le Roi parlait en présence de plusieurs témoins; c'était au déjeûner.

Nous lisons dans une lettre de l'Adjoint de Gallardon, en date du 5 avril 1816, ces expressions naïves : *A l'interrogatoire du Roi, le Roi a bien versé des larmes*, et lui dit (à Martin) : *Vous me dites la vérité.* Nous avons vu plusieurs lettres du même temps écrites par ce bon Adjoint pour instruire un de ses intimes amis de ce qui était arrivé à Martin. Elles s'accordent avec ce que disent les Relations, et sont écrites avec une naïveté parfaite. (*Relation de M. Acher.*)

FIN.

TABLE DES MATIÈRES.

FIN DE LA TABLE.

Ouvrages qui se trouvent chez le même libraire.

Dix jours de 1830 Souvenirs de la dernière révolution; par A. S***, officier d'infanterie de l'ex-garde royale, in-8°, imprimé sur très beau papier, couverture imprimée. Prix : 2 f. 50 c., et par la poste 3 f.

SOMMAIRE

DES CHAPITRES DE CET OUVRAGE.

des troupes. — Hésitation; nullité du commandement. — Mauvaises positions. — Désordre et manque de distributions. — Le Dauphin, MADAME. — Le duc de Bordeaux. — Le duc de Bellune. — Départ du Roi. — Projet de défense. — Trahison d'un capitaine. — Pont de Sèvres. — Le Château est abandonné. — Arrivée à Versailles. — Bivouac. — Trianon. — Retraite sur Rambouillet. — Journée de Trappes. — Au Peray. — Les Embaucheurs. — De la Rochejaquelein.

CHAPITRE VI. Départ pour Rambouillet. — Bivouac. — La Cour. — Le Maréchal Marmont. — Proclamation. — Abdication. — Arrivée de la Dauphine. — Incertitudes. — L'aide-de-camp de Lafayette. — Arrivée des Commissaires. — Les *on dit* sur leur entrevue chez le Roi. — Désordre. — Confusion. — Départ. — Marche de nuit. — Passage à Maintenon. — Marche sur Dreux. — Retour sur Chartres. — Nogent-le-Roi. — Adieux.

CHAPITRE VII. Marche sur Chartres. — Mots d'un paysan. — Arrivée. — Partage des Drapeaux. — Départ en voiture. — Rencontre sur la route. — Conversation avec un *brave*. — Paris. — Mécompte. — Licenciement. — Capitulation de Vincennes.

ADDITION A LA PAGE 72.

Après ces mots : Un neveu dont la mort ruinait ses plus chères espérances , *ajoutez :*

Qu'on rassemble ici toutes les circonstances d'un si funeste évènement ; qu'on les compare aux avertissemens que le saint Ange avait donnés sur la nécessité de *relever le jour du Seigneur, d'abolir les désordres des jours qui précèdent la sainte quarantaine*, et enfin *d'exciter le peuple français à la pénitence* (ci-dessus page 10): et qu'après ce rapprochement, on nous dise si jamais un coup du Ciel s'est fait sentir d'une manière plus frappante que celui qui a éclaté au même temps, au même jour, et dans les mêmes momens que les ordres divins étaient violés ouvertement avec le plus coupable mépris? De suite, qu'on se rappelle la prédiction qui porte que *si le Roi ne fait pas ce qui est dit, il sera fait un si grand trou à la couronne que cela la mettra tout auprès de sa ruine* (ci-dessus page 11). Pourra-t-on alors ne pas reconnaître que cette terrible prédiction s'est accomplie de point en point par la mort du duc de Berri, suivie plusieurs années après de la perte de la couronne pour les membres de sa dynastie? Une prédiction si bien circonstanciée, et si clairement vérifiée par l'évènement, suffit seule pour prouver que la mission de Martin ne peut être attribuée qu'à un agent d'un ordre supérieur à la nature humaine.

La mort du jeune de Berri cruellement frappé à l'improviste , etc.

A. PIHAN DELAFOREST,
IMPRIMEUR DE LA COUR DE CASSATION , RUE DES NOYERS , N° 37.

www.ingramcontent.com/pod-product-compliance
Ingram Content Group UK Ltd.
Pitfield, Milton Keynes, MK11 3LW, UK
UKHW021057200726
13857UKWH00003B/973